本书由北京市教委社科计划一般项目"依托冬奥文化间建设研究"（项目号：SM202110012001）资助出版

CHENGSHI KAICHANG KONGJIAN
WENHUA CHUANGXIN DONGLI JIZHI YANJIU

城市开敞空间
文化创新动力机制研究

刘柯瑾　著

知识产权出版社
全国百佳图书出版单位
—北京—

图书在版编目（CIP）数据

城市开敞空间文化创新动力机制研究 / 刘柯瑾著 . —北京：知识产权出版社，2024.3
ISBN 978-7-5130-9063-6

Ⅰ．①城… Ⅱ．①刘… Ⅲ．①城市空间—文化研究 Ⅳ．① C912.81

中国国家版本馆 CIP 数据核字（2024）第 000852 号

内容提要

本书以文化层次结构理论为基础，将城市开敞空间文化动力要素归纳为物质形态、行为形态、制度形态和精神形态四种，进而构建了城市开敞空间文化创新动力机制，并详细探讨了其内在的构成和作用原理，以期为城市规划和管理提供理论支持与实践指导。

本书适合文化产业、城市美学、文化旅游和城市品牌等研究领域的读者阅读。

责任编辑：李石华　　　　　　　　　　　责任印制：孙婷婷

城市开敞空间文化创新动力机制研究

刘柯瑾　著

出版发行：知识产权出版社有限责任公司	网　　址：http://www.ipph.cn
电　　话：010-82004826	http://www.laichushu.com
社　　址：北京市海淀区气象路50号院	邮　　编：100081
责编电话：010-82000860转8072	责编邮箱：lishihua@cnipr.com
发行电话：010-82000860转8101	发行传真：010-82000893
印　　刷：北京中献拓方科技发展有限公司	经　　销：新华书店、各大网上书店及相关专业书店
开　　本：720mm×1000mm　1/16	印　　张：13
版　　次：2024年3月第1版	印　　次：2024年3月第1次印刷
字　　数：180千字	定　　价：78.00元

ISBN 978-7-5130-9063-6

出版权专有　　侵权必究
如有印装质量问题，本社负责调换。

序　言

　　随着城市化的飞速推进，城市的面貌日新月异，高楼大厦拔地而起，街道纵横交错。然而，在这繁忙与喧嚣之中，我们是否曾停下脚步，去感受那些开敞的空间，去聆听它们所诉说的城市故事？城市开敞空间，是城市中的一片净土，是市民心中的一片绿洲。它们或许是广场上的喷泉与雕塑，或许是公园里的湖泊与绿荫，又或许是河岸边的步道与草坪。这些空间不仅为市民提供了休闲、娱乐和交流的场所，更是城市文化的重要载体。它们不仅承载着市民的日常生活与休闲需求，更在无形中塑造着城市的独特气质和文化灵魂。

　　文化创新是一个城市持续发展的重要驱动力，而城市开敞空间作为城市的重要组成部分，为文化创新提供了重要的物质和精神基础。城市开敞空间通常具有开放的特性，能吸引不同背景、不同文化的人们聚集于此。在这样的环境中，人们可以自由地交流、互动和分享，从而激发新的创意和灵感。同时，开敞空间中的公共艺术装置、雕塑和壁画等文化元素也为人们提供了视觉上的享受，进一步激发了人们的创造力。同时，城市开敞空间为文化创新活动提供了展示和传播的平台。此外，城市开敞空间还是文化创新产业发展的重要载体。随着城市化的推进和人们生活水平的提高，人们对文化消费的需求也日益增长。城市开敞空间为文化创新提供了多样化的场所、展示和传播的平台及产业发展的载体，而文化创新则为城市开敞空间注入了新的活力和内涵，提升了城市的品质和竞争力。

　　然而，随着城市化的快速发展，城市开敞空间面临着诸多挑战。空间的不断被压缩、环境的恶化、文化的同质化等问题日益凸显。如何在这样的背景下，保护和利用好城市开敞空间，推动文化创新的发展，成为我们亟待解决的问题。

　　在此背景下，本书旨在通过对城市开敞空间与文化创新关系的系统研究，为现代城市的建设与发展提供新的思路与启示。本书从多个角度出发，深入探讨城市开敞空间在文化创新中的作用与价值，包括其为文化创新提供的场所、平台与载体等方面；同时也关注到文化创新对城市开敞空间的反哺作用，探讨如何通过文化创新来提升城市开敞空间的品质与吸引力。本书提到的城市开敞空间的设施建设与城市文化和社会需求相衔接，在景观建设中要充分尊重和反映当地文化特色。城市开敞空间的设计要重视与居民的互动，增加文化认同感和归属感。城市开敞空间的管理制度，要充分考虑合理配置资源和多元社会参与的制度设计原则等。本书为解决当下城镇化精细化发展进程中面临的现实问题具有良好借鉴和指导意义。

刘柯瑾博士作为一名青年学者，用文化创新的视角探究未来城市开敞空间发展的新方向，选题新颖，案例翔实，观点创新，这样的研究成果实属不易。这本书不仅仅是一本关于城市规划或文化研究的著作，更是一部关于如何更好地理解和利用城市开敞空间，以推动文化创新和社会发展的实践指南。希望通过她的研究，能够引起社会各界对城市开敞空间与文化创新的重视，推动城市在规划、建设和管理中充分考虑开敞空间的文化功能，为城市的文化创新提供有力的支撑。

未来，在全球化和城市化进入新发展阶段的背景下，城市开敞空间与文化创新的结合具有非常重要的现实意义。刘柯瑾博士的这本书，正是这一结合的最好诠释和实践指南。我相信这本书的出版将为城市规划、文化研究和城市发展等领域的研究带来全新的视角和思考。我也期待，通过这本书的引领，我们能够更加深入地理解和利用城市开敞空间，推动文化创新，共同创造更加美好、宜居和可持续发展的未来城市。

是为序。

2024 年 3 月 11 日　北京

前　言

　　城市开敞空间作为一种新型的城市空间类型，在现代城市建设中扮演着重要的角色。它突破了传统城市空间功能区的边界，成为城市发展和社会进步的重要载体。城市开敞空间的文化发展与社会经济发展密切相关，对推动城市有序健康发展具有重要的意义。然而，在本土文化和全球文化的冲击下，如何在有限的城市开敞空间中培育满足居民需求的先进文化，如何激发城市开敞空间的文化创新发展，是一个需要政府和学界认真思考的问题。

　　本书旨在探讨城市开敞空间文化创新动力机制的构成和作用原理，以期为城市规划和管理提供理论支持与实践指导。本书首先对国内外城市开敞空间的相关研究和空间活力研究进行了梳理与总结，发现目前国内尚无有关城市开敞空间文化创新动力机制的理论研究，现有研究也存在一定的理论差距和不足之处。因此，本书以文化层次结构理论为基础，将城市开敞空间文化动力要素归纳为物质形态、行为形态、制度形态和精神形态四种，进而构建城市开敞空间文化创新动力机制，并详细探讨其内在的构成和作用原理。

　　第一，城市开敞空间的物质形态是指城市开敞空间的空间布局、场所设施、建筑景观等具体要素，是城市开敞空间文化发展的基础条件。在物质形态的构成中，开敞空间的设计关键在于如何融合文化要素，创造丰富多彩的文化场所和体验。例如，通过元素装置、文化标识、环境雕塑等手段来丰富空间体验和文化内涵。

　　同时，城市开敞空间的设施建设也需要与城市文化和社会需求相衔接。例如，在公共设施建设中应注重配套服务，为居民提供便利和舒适的公共服务。在景观建设中，要尊重和反映当地的文化特色，传递文化价值观念。因此，物质形态要合理设计、科学规划，可以有效促进城市开敞空间的文化创新发展。

第二，城市开敞空间的行为形态是指人们在城市开敞空间的行为和互动，包括社交交流、文化体验和艺术表演等活动。行为形态既是城市开敞空间的文化载体，也是城市开敞空间文化创新发展的重要因素。在行为形态的构成中，居民需要积极参与城市开敞空间的文化活动，增强文化认同感和归属感。

例如，在城市公园中举办音乐会、文化展览等活动，可以促进居民之间的交流互动和分享文化资源。在文化体验方面，可以通过设计游戏、文化体验区和主题活动等方式，让人们更好地了解和体验当地的文化特色。同时，行为形态的构成还需要建立良好的文化环境和氛围，如城市管理的规范和社区文化的自发性发展等。

第三，城市开敞空间的制度形态是指城市开敞空间的管理与规划制度，是城市开敞空间文化创新发展的保障和引领。制度形态的构成在于建立健全文化管理机制和法规体系，提供良好的管理保障。例如，制定相关法律法规，落实城市开敞空间管理的主体责任和管理制度，合理配置资源和建设城市开敞空间。

同时，城市开敞空间的管理也需要与文化创新相结合，保护和传承当地的历史文化遗产与记忆。例如，对城市历史悠久的广场、公园等区域，应该保留其原有的历史文化风貌，营造浓厚的历史文化氛围。此外，在文化活动举办方面，可以探索与企业、社会组织等合作机制，共同参与城市开敞空间文化创新发展。

第四，城市开敞空间的精神形态是指城市开敞空间的文化内涵和价值观念，是城市开敞空间文化重要的表达方式。精神形态的构成在于文化创新和文化传承，通过文化创新来丰富城市开敞空间的文化内涵和拓展文化表达方式。同时，文化传承也是文化创新不可缺少的环节，是将当地的历史文化和价值观念传承下去的重要途径。

前　言

例如，在城市开敞空间的设计、建设和管理过程中，需要注重当地的文化特色和历史记忆，传达当地文化的价值观念和精神内涵。通过推广社区文化，可以培养居民的文化意识和人文素养，形成共同的文化认同和归属感。此外，在城市开敞空间的文化活动中，也可以通过展示当地的文化艺术作品、民俗文化、口头传统等多种方式来丰富城市开敞空间的文化内涵。

本书的重点在于通过研究城市开敞空间文化创新的动力机制，进而推动城市以更加健康、积极向上的方式发展。通过不同层次的动力作用，如政府部门的政策支持、经济组织的资金投入、社会组织的社会参与和居民的需求反馈等，城市开敞空间的文化创新动力可以得到有效平衡和协调，并更好地满足居民的生活需要和文化交流需求。此外，本书还提出了一些具体建议，包括政府应当出台相关政策支持城市开敞空间的文化创新，经济组织可以通过提高投入和推广经营创新来促进城市开敞空间的文化创新发展，社会组织可以通过组织活动和展览等形式，引领居民参与城市开敞空间的文化创新，居民也可以通过积极参与和反馈需求来推动城市开敞空间的文化创新。

总之，城市开敞空间的文化创新是一个复杂而重要的问题，需要政府、企业、社会和居民等各方共同努力来推动城市的健康、可持续发展。本书提供了一个新的视角和框架，为城市开敞空间的文化创新动力机制研究提供了有益的参考。

目　　录

绪　　论 ·· 1
 第一节　研究背景与缘起 ··· 1
 第二节　研究目的与意义 ··· 5
 第三节　研究方法与范畴 ··· 9

第一章　相关概念的界定 ·· 17
 第一节　城市开敞空间的基本认识 ····································· 17
 第二节　动力机制的基本认识 ··· 30

第二章　文献综述与相关理论的阐述 ···································· 33
 第一节　文献综述 ··· 33
 第二节　相关理论的阐述 ··· 61

第三章　城市开敞空间形成机制探析 ···································· 70
 第一节　城市开敞空间形成机制的构建 ······························· 70
 第二节　城市开敞空间形成机制的作用原理 ··························· 75
 第三节　城市开敞空间形成机制的作用特征 ··························· 83

第四章　城市开敞空间文化创新动力系统构建 ·························· 86
 第一节　城市开敞空间发展动力类型梳理 ····························· 86

第二节　城市开敞空间文化动力的主导趋势 …………………… 96
　　第三节　城市开敞空间文化创新动力系统的构建 ……………… 105

第五章　城市开敞空间文化创新动力机制构建 ………………… 114
　　第一节　城市开敞空间文化创新动力机制构建的先决条件 …… 114
　　第二节　城市开敞空间文化创新动力机制的作用机制 ………… 117
　　第三节　城市开敞空间文化创新动力机制的作用原理 ………… 128

第六章　城市开敞空间文化创新动力机制的具体模式 ………… 133
　　第一节　场所建设模式 …………………………………………… 133
　　第二节　行为培育模式 …………………………………………… 141
　　第三节　精神引领模式 …………………………………………… 148
　　第四节　制度促发模式 …………………………………………… 154

第七章　我国城市开敞空间文化创新的现存问题与实现路径 …… 161
　　第一节　我国城市开敞空间文化创新的现存问题 ……………… 161
　　第二节　我国城市开敞空间文化创新的实现路径 ……………… 171

结　　论 ……………………………………………………………… 179
　　第一节　研究的主要结论 ………………………………………… 179
　　第二节　研究的主要不足及展望 ………………………………… 183

主要参考文献 ………………………………………………………… 188

后　　记 ……………………………………………………………… 197

绪 论

第一节 研究背景与缘起

一、研究背景

(一) 城市化在世界上不可逆的趋势

随着各国经济体系的日益开放，国家竞争更多地表现为城市及其辐射区域之间的竞争。城市的经济、政治、社会和文化主导地位逐渐凸显，成为所在国家参与全球竞争的前沿阵地。第二次世界大战之后，城市化进程在全球范围内加速，特别是不少发展中国家意识到城市化建设对国家竞争力的历史意义，自此世界范围内开启了城市化的新浪潮。根据统计，截至20世纪末，世界范围内城市化水平已达到47.2%，到2008年这一数字已达到50%。[1] 自此，在后工业社会中，以现代科技的突飞猛进为代表的城市化发展阶段，成为国家影响力的重要标志。

从世界各地不同城市的发展轨迹中可以看出，城市化是传统农业社会向现代工业化跨越的历史过程。目前，城市化发展与现代工业的发展、科学技术的进步及当代文化的繁荣等紧密联系在一起，是社会生产力不断发展、经济结构不断优化升级的必然结果。因此，扎实推进我国新型城镇化进程是大势所趋，在实践过程中要认真总结世界各地城市化进程中取得的优秀成果和暴露的现实问题，积极探索中国特色社会主义城市的复兴之路。

---

[1] 王习农，姬肃林. 国外城市化发展对我国的三点启示[N]. 中国经济时报，2015-08-06.

（二）中国城市化进程的发展方向

中国城市化进程主要指的是中国农村转化成城市的过程。在半殖民地半封建的 19 世纪下半叶至 20 世纪中叶，中国城市化的发展极其不均衡。而城乡二元割据的社会结构在 20 世纪 50 年代中期以后愈演愈烈，致使中国城市化的发展长期处于停滞状态。直到 1978 年改革开放之后，中国城市化的发展进程才有了明显提速。《中国统计年鉴 2018》数据显示，中国城镇人口由 1978 年的 1.73 亿增加到 2017 年的 8.1347 亿，城市化水平由 17.92% 提高到 58.52%，设市的城市数量由 1997 年的 190 个增加到 2017 年的 294 个（见图 0-1），处于快速城市化发展阶段。城市化进程具有自然历史过程，这个过程是城市作为一种有机生命体的自然成长过程。城市成为人民生活最重要的场景和载体，我国人口增长与城镇化发展之间存在强烈的正相关（见图 0-2），城市文化建设能力已经成为各国重要的民生指标。因此，积极稳妥地推进中国城市化进程，是 21 世纪中国必然的历史趋势和必须面对的重大课题。

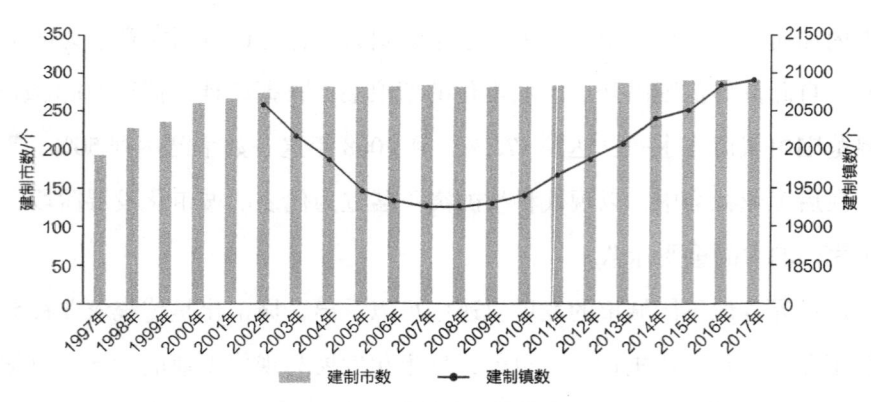

图 0-1　我国建制城市、乡镇发展趋势（1997—2017 年）

数据来源：国家统计局官网（http://www.stats.gov.cn）。

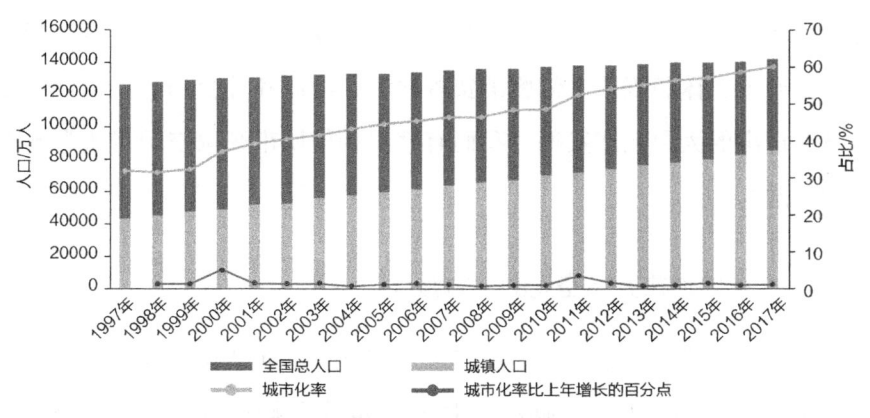

图 0-2　我国人口与城镇化进程发展趋势（1997—2017 年）

数据来源：国家统计局官网（http://www.stats.gov.cn）。

城市化进程是城市文化再生产的一种社会演化机制，构成对原有城市文化生产资源再分配和在空间形态上进行再格局化的要求。城市空间形态扩展和城市空间品质提升是城市空间建设过程中布局与结构变化的综合反映，是城市化进程及土地利用变化最为直接的表现形式。以城市空间形态扩展为特征的中国城市化浪潮和世界上其他国家一样，既是政治、社会、文化和经济发展规律的体现，也是我国城市建设未来将要面临的主要挑战之一。

二、研究缘起

（一）城市开敞空间是城市建设的重要据点

在城市更新进入 4.0 的发力期，城市更新不应仅仅等同于"旧城改造"，一种可持续的城市复兴将是一座城市迈向卓越城市的必然选择。随着我国城市，尤其是一线城市的快速发展，空间的承受力不断受到挑战，扩大城市规模、提升生活品质、激发创造活力的需求空前高涨。在这种形势下，如何在有限的空间内，增加经济附加值、优化城市功能、改善社区环境、提升人民幸福感，越来越受到重视。城市开敞空间作为城市建筑实体之间的过渡带，具有形式多样、分布灵活、功能复合等特点，逐渐承担起改善环境、调节布局、美化城市、休憩娱乐、体验消费等政治、经济和社会功能。结合全球范围内已涌现出的大量实践案例，我们有理由相信城市开敞空间将成为城市建设的重要据点。

（二）文化是城市开敞空间的活力源泉

随着全球化浪潮席卷全球，不同地理位置、不同文化背景的城市之间竞争不断加剧，"空间活力"❶对城市空间发展起到了越发重要的作用，逐步成为筑巢引凤、吸引创意阶层和经济投资的关键要素。以提升城市空间活力为主要目标的建设模式，将城市文化作为城市开敞空间的主要推动力和建设目标，追求在城市开敞空间再生产的过程中形塑城市文化的内涵，提升城市文化的吸引力。❷事实上，对城市空间活力的关注并非最新的研究。早在20世纪80年代，以文化为导向的城市规划、城市发展战略、城市空间建设实践，已经在美国、英国、德国等西方发达资本主义国家兴起。重视文化地位的城市空间发展理念和实践，标志着以文化为导向的城市开敞空间建设在全球范围内兴起。

近十余年来，以文化导向为目标的城市开敞空间建设逐步受到关注和重视。同时，不断涌现出的"城市创新""历史文化保护""地方感营造""社区邻里复兴"等文化理念，在业界实践过程中得到了本土化发展，影响着我国城市内部空间机制的形塑。实践证明，在城市开敞空间建设的过程中，城市文化与城市开敞空间的物理结构、城市开敞空间内人口流动、城市开敞空间中社会融合等方面，都在经历着相互解构与颠覆重塑的过程。城市的文化价值取向与城市的精神社会也在此过程中被重构，带领城市开敞空间逐步向创意城市、智慧城市、宜居城市的目标迈进。

---

❶ KELLY A. Building legible cities [M]. Bristol: Bristol Legible City, 2001.
❷ MILES M. Interruptions: Testing the Rhetoric of Culturally Led Urban Development [J]. Urban Studies, 2005（42）：889−911.

绪　论

第二节　研究目的与意义

一、研究目的

城市开敞空间是由社会精神文明所构成的城市表情，它在城市空间中构成的任何变化，都是城市建设中不同情绪的表达。本书研究的目的是厘清城市创新发展、城市开敞空间文化建设系统之间的内在逻辑，充分认识到城市开敞空间的文化建设是城市创新发展的现实选择，而城市开敞空间的文化建设是凝聚城市创新动力的有效手段。本书创作的主要目的是，在构建城市开敞空间文化创新动力体系的基础上，探析不同场景下城市开敞空间文化创新动力机制的运行机制，为城市开敞空间的文化建设提供理论依据和路径指导。

（一）明确城市开敞空间的形成机制及其文化特征

目前，在我国文化研究领域对城市开敞空间尚未有统一的概念界定，对其类型、特点和作用等方面的深入研究大多借鉴城市规划领域的实践经验，因此本书旨在通过文化研究的视角对城市开敞空间的内涵和外延进行深入探讨。

在厘清什么是城市开敞空间的基础上，挖掘其内在的形成机制对城市开敞空间文化创新动力机制的研究具有极强的指导性。唯有明确了城市开敞空间的构成要素及各要素的文化特征，才能深入剖析城市开敞空间文化创新动力系统的内在运行机制。

（二）梳理城市开敞空间创新动力的历史沿革及发展趋势

城市开敞空间并非新生事物，已经历了数个时期的蜕变。每一时期因社会政治经济背景的差异，城市开敞空间发展的主导动力不尽相同。目前，尚未有学术研究对城市开敞空间创新动力的发展沿革进行系统的梳理，因此本书希冀厘清城市开敞空间创新动力的历史流变，并对其未来发展的主导动力和演变趋势进行分析和预测。

（三）构建城市开敞空间文化创新动力系统

动力机制是由推动事物发展的各种动力相互作用之后，推动事物发展变化的过程，其中动力之间相互作用形成了动力系统。由此可见，城市开敞空间文化创新动力系统的构建是研究城市开敞空间文化创新动力机制的先决条件。由于目前这一领域的研究相对空白，所以本书力图勾勒出城市开敞空间中政治、经济、社会和文化不同动力要素之间的相互作用关系，并提炼出多种城市开敞空间文化创新的动力类型，构建完整的DSSTA模型。

（四）构建城市开敞空间文化创新动力机制并归纳具体模式

在实践中，城市开敞空间文化建设的主要手段较为粗放，并未取得亮眼的建设成果。目前尚无研究聚焦城市开敞空间文化创新动力机制，因此构建相对系统的动力机制作为实践参照迫在眉睫。本书旨在构建城市开敞空间文化创新动力机制的一般运行规则，并归纳出场所动力模式、行为培育模式、精神引领模式和制度促发模式四种具体模式和九种子模式，力求找到城市开敞空间文化建设可能的参照路径，为今后的实践提供较为完善的理论依据。

（五）分析我国城市开敞空间文化建设的问题并探析构建路径

目前，我国已经从国家层面上确立了"开敞空间优先"的城市规划原则，但因缺乏理论指导和成功案例的借鉴，在实践中仍然存在着不少的问题。为了改善城市开敞空间文化建设在我国的落后现状，本书旨在梳理和总结我国城市开敞空间文化建设过程中的突出问题，并从物质形态、行为形态、精神形态和制度形态四个方面提出未来的构建路径。

二、研究意义

（一）理论意义

1. 填补城市开敞空间文化研究的理论空白

自从 20 世纪 80 年代城市规划学者第一次提出城市开敞空间这一概念之后，对其研究主要集中在城市形态调整、生态保育功能等方面，从文化产业、城市社会学等角度的分析较少。事实上，城市开敞空间承担着社会融合、审美培育、消费升级和社区营造等多方面的文化功能，是城市空间中文化建设的重要组成部分。因此，从文化产业的角度对城市开敞空间重新定义是理论视野的再次聚焦，进一步提升了研究主体的学术地位，为未来的理论探索提供了指引。

2. 构建城市开敞空间文化创新动力体系

毋庸置疑，城市开敞空间是人类政治、经济、社会和文化实践的重要载体，其内部蕴含着复杂多变的动力主体和动力类型。本书首次深入挖掘城市开敞空间内部不同文化创新主体之间的相互作用关系，并提出了城市开敞空间文化创新动力体系的运作模式，即 DSSTA 模型。从四种动力主体、四种动力类型、十种动力作用、十二种动力效果等方面对城市开敞空间文化创新动力体系进行阐释，努力填补部分理论研究上的空白。

3. 构建城市开敞空间文化创新动力机制

目前，城市开敞空间文化创新的实践缺乏系统的理论指导，亟待厘清城市开敞空间文化创新动力机制的运行机制。本书在构建城市开敞空间文化创新动力机制的基础上，归纳出四种具体的动力模式和九种子模式，丰富了城市开敞空间文化建设的理论研究。同时，将城市开敞空间文化创新置于城市创新发展的大背景下进行分析，找到其中可能的作用机制和运行机制。

4. 探索城市开敞空间评价指标的多元性

城市开敞空间主要由物理场所、实践行为及在有形空间中凝聚起的精神内涵和社会制度组成，因此对城市开敞空间的评价体系必须呈现多元化的特质。文化创新的主要表现形式是实现人的自我成长和城市的创新发展，因此城市开敞空间文化创新的评价体系应不同于城市规划、旅游管理等学科中对空间品质的评价要求。本书旨在从文化产业的角度对城市开敞空间提供多元的理论视角和评价体系，从理论上明确城市开敞空间的文化特性。

（二）实践意义

1. 对城市开敞空间物理场所的营造提供建议

在现有的城市开敞空间物理场所的营造中，大多以景观绿化、空间结构调节、自然防护为主要建设目的，因而主要的营造手段是相对单一和粗放的。本书旨在探讨通过文化建设的手段实现物理场所的空间形态改变、空间功能复合、空间扩张方式多样等目的，以期对现实生活中不同功能承载的城市开敞空间物理场所营造提供有益的建议。

2. 对城市开敞空间实践行为提供引导

城市开敞空间作为政府、企业、社会组织和个人等不同社会实践主体的行为场所，具有促发、引导和规范社会实践行为的作用。目前，城市开敞空间中主要的文化实践活动集中在晨练、节庆和赛事等方面，促发和引导居民自发组织与参与社会实践的能力仍有待加强。与此同时，文化实践活动大多发生在市中心、商务区、大型社区周边等经济较为活跃的区域，对小尺度城市开敞空间、非经济功能城市开敞空间尚未引起足够的重视。因此，本书旨在引导不同社会实践主体在不同尺度、不同功能城市开敞空间中进行适宜的实践行为，并基于研究结果予以相对系统规范。

3. 对城市开敞空间精神凝聚、制度确立、风俗传承予以指导

随着对城市开敞空间文化建设的重视力度不断加大，城市决策者意识到城市开敞空间的文化创新能力对历史风俗传承、城市制度设计、城市形象塑造、城市文化凝聚等方面起着不可忽视的作用。然而，目前对城市开敞空间

中精神内涵的研究和实践尚处在探索阶段，并未有相对系统的论述和实践指导。因此，本书希冀在深入研究城市开敞空间文化创新动力系统和动力机制之后，对城市开敞空间精神内涵的提炼路径提出具体的指导。

第三节　研究方法与范畴

一、研究方法

（一）资料的收集、整理阶段

此阶段主要使用了文献分析法、实地调查法、深度访谈法等方法。

（1）文献分析法。文献分析法是指通过对本书所涉及的不同学科背景、不同专业理论进行梳理和总结，以探明城市开敞空间这一研究对象的定义、特征及现状，并从中梳理出动力机制研究的逻辑起点和理论基础的研究方法。文献分析法的资料来源包括但不限于专著、学术论文、期刊论文、会议报告、规划图纸、统计数据及部分视频、音频等新媒体资料。

（2）实地调查法。实地调查法指的是运用客观的态度和科学的方法，针对城市开敞空间形态变化、文化更迭、功能多样等社会现象，在特定的范围内进行实地走访和考察，并在此过程中收集大量一手或二手资料供后续研究分析之用。在本书的写作过程中，笔者走访了国内外四十余座背景文化各异、空间尺度适宜的城市，对城市开敞空间的物质形态、行为形态、制度形态和精神形态的现状与问题进行直观的考察，并通过多媒体设备还原影像等方法对城市开敞空间不同面向的社会问题、政治问题、文化问题进行了间接观察。

（3）深度访谈法。深度访谈法又被称为深层访谈法，指的是直接面对受访者、运用无结构提问模式的访谈过程。在这期间需要采用相对高级的访谈技巧，以揭示被访者对某一问题的潜在动机、态度、信念和情感。本书通过一些提前准备好的问题，询问不同城市开敞空间的规划者、建设者、运营者，借由深度访谈来收集资料。同时，笔者通过不预设访谈内容的方式，与城市开敞空间的使用者及周围民众进行交流，这样的访谈方式虽然宽泛，但往往有助于获取较为真实的答案和感受。

（二）资料的处理、加工阶段

（1）定性与定量方法。定性分析法指的是通过对各种材料信息进行加工、思考，从而认识事物的内在本质，寻找其内在运作规律的研究过程。本书运用定性研究的方法深入剖析城市开敞空间及其动力类型、动力机制的性质与特征，将开敞空间与其他空间类型区分开来。定量分析法指的是根据某些特定的标准，通过严谨的测量标准对研究对象某些变量之间的变化规律进行深入挖掘，具有较强的科学性和可信度。本书运用定量研究的方法重点探讨城市开敞空间文化要素之间的相互作用关系，以及由此构成的城市开敞空间文化创新动力机制模式。事实上，对城市开敞空间文化创新研究的对象选择，仍然具有一定的主观因素，因此定量分析应与定性分析相结合，以提高研究的准确性和工作效率。

（2）系统分析方法。系统分析方法来源于20世纪40年代新兴的交叉学科——系统科学，它的产生和发展标志着人类的科学思维逐步过渡到"以系统为中心"的阶段。系统分析方法指的是通过系统的视角和着眼点去考察和研究较大范围的客观现象，具有较大的突破性。本书的研究主体——城市开敞空间是一个多元复杂的运行系统，因此，本书将城市开敞空间与外部世界之间的能量交换视为一个完整的系统，在明确城市开敞空间各文化要素之间相互依存、相互制约、相互交织的前提下，构成城市开敞空间文化创新动力机制不同类型的复杂机制，并最终使动力系统、动力机制的问题及结论相对系统化。

（三）主要研究与论证阶段

（1）演绎与归纳结合。演绎法与归纳法是社会科学研究中广泛运用的两种逻辑思维方式，遵从的是人类认识活动从个别事物推及普遍规律，又从普遍规律推及个别事物的深化认识过程。其中，归纳法指的是从个别事物到普遍规律的认识过程，而演绎法指的是从普遍规律到个别事物的认识过程。在本书中，演绎法主要通过对城市开敞空间发展动力的历史梳理，明确当下城市开敞空间文化发展的主导动力。归纳法主要通过对城市开敞空间文化创新动力机制的抽象化阐释，归纳出城市开敞空间不同文化要素及城市开敞空间文化创新动力机制的不同模式，将文化要素及普遍规律推及具体实践。

（2）对比与类比结合。对比分析法和类比分析法都是两个不同事物之间进行相互比较的分析方法。其中，对比分析法通过将两种不同的事物加以对照之后，推导出两者之间的差异点，从而得出研究结论的研究过程。类比分析法通过将两种相同的事物加以对比之后，推导出两者之间的共同点，从而佐证研究结论的研究过程。首先，本书中主要通过对不同城市开敞空间文化发展动力之间的对比，分析出不同时代起到主导作用的动力主体，从而得到文化力将成为日后城市开敞空间发展的主导动力的结论。其次，通过对城市开敞空间的大量特征进行类比分析，得出不同类型城市开敞空间均拥有的相似特征和作用规律，从而为城市开敞空间文化创新动力机制的探讨提供理论和现实依据。可见，对比和类比相结合的研究方法有助于研究主体深度和广度的拓展。

（3）交叉学科辅助研究法。这一研究方法指的是借助单一学科的研究优势，将多种学科的研究方法适度引入同一研究议题，打破单一学科的局限性。本书旨在构建城市开敞空间文化创新动力机制，研究目的决定除了需要文化产业、艺术学、社会学和经济学等学科的知识，同时还需要城市规划、景观工程、社会心理学、美学、生态学等多学科来支撑完整的研究体系，采用多重视角、多重理念和多重技术的复合研究方法。

二、研究内容和技术路线

（一）研究内容

本书主要遵从城市开敞空间的演进路线，按照"提出问题—分析问题—解决问题"的逻辑思路，将本书分成三个部分。

第一部分是论述城市开敞空间这一研究主体。从文献综述到理论阐释，明确了城市开敞空间的形成机制，并以此作为本研究展开的理论原点。通过对城市开敞空间不同要素的剖析及其相互作用的阐释，认识城市开敞空间文化建设对城市创新发展的重要作用，树立城市开敞空间文化建设的目标。

第二部分是探究城市开敞空间文化创新动力系统的作用原理。首先，梳理了历史上不同时期城市开敞空间发展动力的演变，明确了文化将成为今后城市开敞空间创新发展的主要动力。其次，通过解析城市开敞空间文化的要素内涵，认识到城市开敞空间文化建设与城市创新发展具有紧密的联系。最后，基于对城市开敞空间文化创新动力源、动力主体、动力类型和动力作用的分析阐释，本书提出了城市开敞空间文化创新动力系统 DSSTA 模型，并就作用原理及作用过程进行了说明。

第三部分是构建城市开敞空间文化创新动力的机制及实现路径。首先，构建出城市开敞空间文化创新动力机制的作用机制及其特征，明确城市开敞空间文化创新动力机制的组成要素。其次，根据城市开敞空间文化创新发展的不同动力主体，将城市开敞空间文化创新动力机制分为场所建设模式、行为培育模式、精神引领模式和制度促发模式及九种子模式，并就不同模式运行机制进行了详细阐述。再次，针对我国城市开敞空间文化建设的现状及问题，从规划层面、场所形态层面、行为形态层面、精神形态层面和制度形态层面提出部分实施路径。最后，对城市开敞空间文化创新动力机制的构建及运行进行了解答，并针对现有研究的不足和未来我国城市开敞空间文化建设的发展要点进行了阐释。

绪　论

（二）研究技术路线

本书的研究技术路线，如图 0-3 所示。

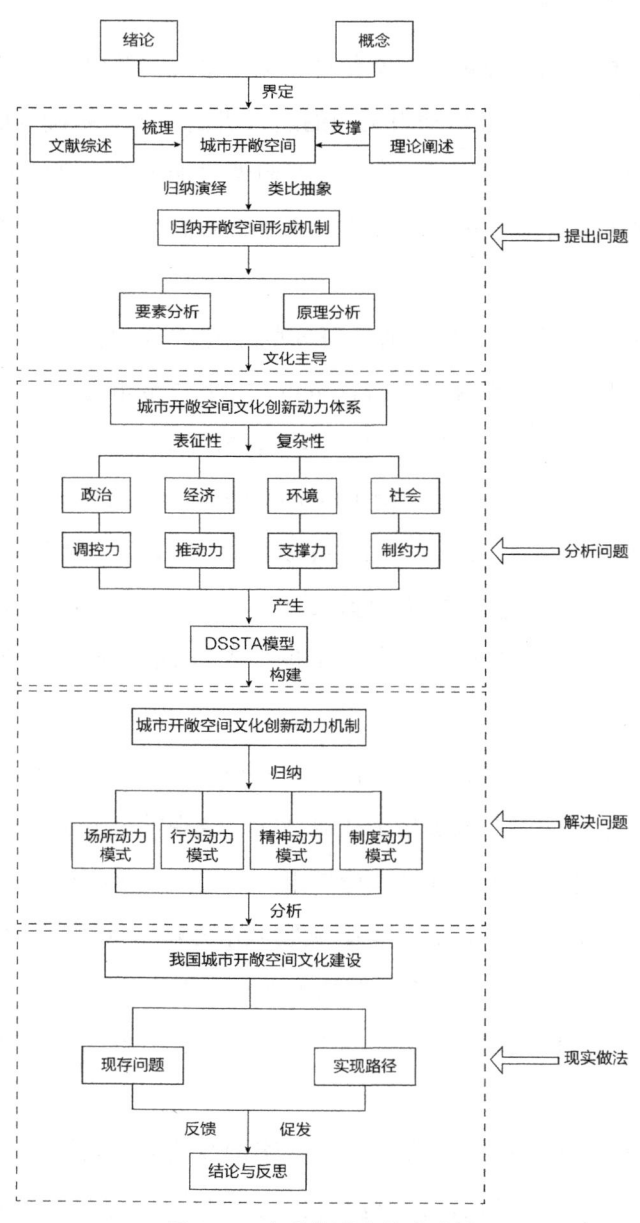

图 0-3　本书的研究技术路线

三、研究的重难点、创新点

（一）研究的重难点

本书旨在构建城市开敞空间文化创新动力系统，并厘清不同主导动力作用下城市开敞空间文化创新动力机制的运行机制。既有基础性的理论研究，也有切实需要解决的实践问题，对多元学科背景知识有很高的要求。从理论梳理及动力机制模型建立的角度而言，本书有较高的难度，主要的重点及难点如下。

第一，梳理国内外相关理论是研究的重点。从理论研究的角度来看，需要认真梳理亚当·斯密（Adam Smith）、阿尔弗雷德·马歇尔（Alfred Marshall）的传统资本增长理论，西奥多·舒尔茨（Theodore Schultz）等的人力资本增长理论，罗伯特·帕特南（Robert Putnam）等的社会资本增长理论，肯尼斯·阿罗（Kenneth Arrow）的文化资本增长理论，理查德·佛罗里达（Richard Florida）的创意资本增长理论，以及特里·克拉克（Terry Clark）的文化场景理论，扎实的经济学、城市社会学等学科的经典文本研究是展开本研究的基础和前提。

第二，从文化产业的角度对城市开敞空间进行内涵界定是本研究的难点。关于城市开敞空间的研究大多集中在设计学、景观学、生态学、城市规划学的研究领域，就艺术呈现表征来谈论城市开敞空间，落脚点过于微观，对理论的贡献也相对较少。因此，本书要跳脱城市开敞空间中单一的生态视角、景观视角和建筑视角，用复杂系统的视角将城市开敞空间置于城市历史变迁、经济社会转型、人民文化需求提高的大环境中，剥离出城市开敞空间文化创新的内在动力。

第三，分析国内外城市开敞空间经典案例及其文化创新动力机制是本书的难点。城市开敞空间因其分布范围较广、空间形态各异、所属权责不同、空间活动多样等特征，形成了不同的表征形态和文化形态。笔者在研究期间走访调研了十余个国家、数十座城市,每一座城市的人文特质都受到风土民情、社会成员结构等不同社会因素的影响。本书所归纳的城市开敞空间文化创新动力机制的四种模式,很难做到对城市开敞空间的空间特性和运行模式的全面掌握。因此,国内外案例的收集和内核的挖掘是需要花费大量时间和精力去完成的系统工作,无疑成为本研究的难点。

(二)研究的创新点

第一,首次提出了"城市开敞空间文化创新动力机制"的研究视角。城市开敞空间是城市规划领域的专业词汇,在文化产业领域对其研究尚且停留在文化艺术设计的层面。现有研究大多从艺术呈现表征的层面来探讨城市开敞空间,落脚点未免有些微观,对理论的贡献相对较弱。同时,如从城市空间功能区变迁及其结构特征的层面探讨城市开敞空间,难免陷入城市政治、经济、社会历史变迁的逻辑定势,而使研究口径过于宏观、对实践的指导意义相对较弱。因此,本书创新性地从城市开敞空间文化创新动力机制的视角进行研究,既有对城市开敞空间环境形态和文化形态的关注,也有对文化资本、社会资本、经济资本和政治资本之间相互作用的探讨。

第二,进一步梳理了国内外城市开敞空间发展动力的演变类型。以我国的原始时期和国外的古希腊时期为原点,正本求源,从文化史学观的视角厘清城市开敞空间发展动力的历史流变、功能演变等基本问题,并从中探索城市开敞空间创新所蕴含的文化动力要素及构成,明确文化动力在城市开敞空间发展中扮演着越来越重要的作用。

第三,首次提出了城市开敞空间文化创新动力系统——DSSTA 模型及其作用原理。在明确文化形态具有物质形态、行为形态、制度形态和精神形态的前提下,深刻认识到城市开敞空间文化形态与城市经济、城市政治、城市社会和城市环境之间相互影响、相互联结的关系。基于此,构建出以政治资本、经济资本、社会资本、文化资本为动力源,以企业、政府、社会组织、当地居民为动力主体，包含经济推动力、政府调控力、环境支撑力和社会制约力四种动力类型所衍生出的十种动力作用，共同构成城市开敞空间文化创新动力体系；并在动力体系的作用下演变出显性和隐性两大类动力效果，由此构成完整的城市开敞空间文化创新动力体系作用原理。DSSTA动力体系反映出的作用原理，为本书提供了基本的研究维度和理论视角，成为构建具体动力模型的关键。

第四，基于对城市开敞空间文化创新过程的把握及各作用要素的总结，提出了城市开敞空间文化创新动力机制的形成机制。本书意图从城市开敞空间文化创新与城市创新发展的互动关系为出发点和落脚点，清晰呈现城市开敞空间文化创新动力机制的组成部分。唯有对城市开敞空间文化创新动力机制有一个较为全面、相对系统的梳理，才能针对不同城市开敞空间的具体情况进行分析，并找到切实可行的提升路径。

第五，本书创造性地提出了城市开敞空间文化创新动力机制的四种模式及九种子模式。基于城市开敞空间文化创新动力系统中政府、企业、社会组织和当地居民四个动力主体，将城市开敞空间文化创新动力机制分为场所动力模式、行为培育模式、精神引领模式和制度促发模式，并归纳出九类子模式。通过运行机制构建与详细分析，本书揭示出城市开敞空间文化创新能力提升城市创新发展的具体路径。

第一章 相关概念的界定

第一节 城市开敞空间的基本认识

未来城市里高明的建筑师不是决定在哪里营造建筑,而是决定在哪里不可以营造建筑。❶ 可见,城市开敞空间作为重要的城市空间类型,丰富着城市空间的文化内涵,其空间品质也直接体现着城市创新发展的水平。因此,这一独特的城市空间类型值得深入探索。

一、城市开敞空间的含义

(一)国外对城市开敞空间的界定

"城市开敞空间不可能拥有一个统一的标准概念,只可以说城市开敞空间概念涉及城市创新发展的某些方面。"克里斯托弗·亚历山大(Christopher Alexander)在《城市设计新理论》❷一书中如是说。在实际运行过程中,城市开敞空间的界定标准往往涉及以下几方面。比如,空间使用者共享一个有形的物质空间;空间使用者具有某些共同特征;空间使用者被相似的精神文化所吸引,从而具有高度的社会凝聚力等。随着科学技术的不断发展和文化创意的不断涌现,从不同研究视角切入城市开敞空间的研究变得越来越普遍。因此,城市开敞空间的界定也必将随着研究的深入逐步呈现含义的多元维度。

---

❶ 刘志芳. 郑州市绿地系统景观生态建设研究 [D]. 长沙:中南林学院,2005.
❷ 克里斯托弗·亚历山大. 城市设计新理论 [M]. 陈治业,童丽萍,译. 北京:知识产权出版社,2002.

目前，普遍存在的界定视角有以下几种。

第一，从非建筑性及生态效应的角度定义。

首先，城市开敞空间从诞生之初就以非建筑性为最显著的定义标准。1877年英国伦敦制定的《大都市开敞空间法》（Metropolitan Open Space Act）最早提出了城市开敞空间的定义："任何围合或是不围合的用地，其中没有建筑物，或者少于1/10的用地有建筑物，其余用地作为公园和娱乐场所，或堆放废弃物，或是不被利用的区域。"[1] 在30年后修编的《开敞空间法》（Open Space Act）第20条中将城市开敞空间中建筑物的比例下调至1/20的标准。除了欧美学者，日本研究者同样认为："城市开敞空间指的是城市的道路、河川和运河等供公众使用的建筑场地以外的，没有被建筑物覆盖的空地。"[2] 可见，城市开敞空间一开始着重强调的是城市空地率等指标。

其次，城市开敞空间生态效应的地位逐步凸显。日本当代著名建筑师芦原义信曾这样阐释城市开敞空间的含义："城市开敞空间始于在自然当中限定自然，指的是从自然当中框定的空间，与无限延伸的自然是不同的。"[3] 他强调城市开敞空间是由人创造的、有目的的外部环境，是比原生自然更有意义的绿地空间。同时期日本著名建筑师高原荣重认为，城市开敞空间的生态效应作用显著。[4] 因为居民活动、生活环境、保护步行者的安全及整顿市容等具有公共需要的土地、水、大气为主的非建筑用空间能保证永久性的空间。虽然他机械地将城市开敞空间分为开敞绿地（这里理解为公共绿地）和私有绿地两部分，但无法否定其强调生态属性和永久使用性[5] 对城市开敞空间概念

---

[1] MATTHEW K, GNAGEY A. Wetlands and Open Space：The Impact of Environmental Regulations on Land Use Patterns[J]. Journal of Environmental Management. 2018, 8（225）：148-159.
[2] 荒木兵一郎，藤本尚久，田中直人. 无障碍建筑 [M]. 章俊华，白林，译. 北京：中国建筑工业出版社，2000.
[3] 芦原义信. 外部空间设计 [M]. 尹培桐，译. 北京：中国建筑工业出版社，1985.
[4] 高原荣重. 城市绿地规划 [M]. 杨增志，等译. 北京：中国建筑工业出版社，1983.
[5] 小形研三，高原荣重. 园林设计——造园意匠论 [M]. 索靖之，任震方，王恩庆，译. 北京：中国建筑工业出版社，1984.

逐步丰富的重要贡献。

第二，从可达性、公共性的角度定义。城市开敞空间不仅仅是服务贵族或精英阶层的，而是向大众开放，并且使用限制较少的城市空间区域。对此，学界主要有两种界定的方式，最终都殊途同归。其一，英国学术界将城市开敞空间定义为："城市开敞空间是指所有具有确定的及不受限制的公共通路，并能用城市开敞空间登记制度加以区分而不论其所有权如何的公共公园、共有地、杂草丛生的荒地及林地。"❶ 这一定义主要强调的是大众共享性和公共可达性。其二，美国著名城市规划设计大师凯文·林奇（Kevin Lynch）认为："城市开敞空间是连续的、集中的，能够为城市剩余部分提供造型并为拥挤城市提供一种实在的调剂，或是广泛分布于城市结构中小型的、让人们得以接近的城市空间，这些空间由大部分城市居民选择来从事个人或团体的活动。"❷ 这一定义同样强调了城市开敞空间非少数人而是所有社会公众均可以方便进入享用的特性。

第三，从娱乐休憩的角度定义。城市开敞空间具有显著的娱乐休憩的功能，因此针对城市开敞空间的定义呈现出观赏功能和娱乐游憩功能。其一，美国1961年通过的《房屋法》中将城市开敞空间规定为："城市区域内任何未开发或基本未开发的土地，具有：①公园和供娱乐用的价值；②土地及其他自然资源保护的价值；③历史或风景的价值。"❸ 这一定义强调的是城市开敞空间作为载体保护自然和历史景观的土地资源作用，以及作为公园娱乐的土地资源价值。无独有偶，美国加州大学伯克利分校的终身教授克里斯托弗·亚历山大从视觉空旷性和观赏便捷性的角度在《建筑模式语言：城镇·建筑·构造》一书中将城市开敞空间定义为："任何使人感到舒适、具有

---

❶ London Planning Advisory Committee Open Space Planning in London[M]. London：Artillery House, 1992.
❷ 凯文·林奇. 城市意象[M]. 方益萍，何小军，译. 北京：华夏出版社，2001：30.
❸ HECKSCHER A. Open Space: the Life of American City[M]. New York：Harper & Row, 1984.

自然的屏靠，并可以看到更广阔空间的地方，均可称为城市开敞空间。"[1] 其二，哈米德·希瓦尼（Hamid Shirvani）基于人的主观感受和实践活动，将城市开敞空间定义为："所有的硬质景观、园林景观、停车场及城市里的消遣娱乐设施均可构成城市开敞空间，值得说明的是，街道、广场、巷弄、庭院等能够提供娱乐休憩功能的城市空间均可定义为开敞空间。"[2] 可见，这一定义是以城市开敞空间游憩功能的发挥为出发点。

通过对国外城市开敞空间代表性概念界定的梳理，对城市开敞空间的来源、发展过程及发展方向有初步的勾勒。可以看到"城市开敞空间"因研究视角和学科背景的不同，在近一个世纪以来其内涵不断丰富、视角不断聚焦。通过对多个城市开敞空间概念的深入剖析，不难看出，城市开敞空间不同于其他空间类型的表现形式主要有两个方面：一方面是指比较开阔、较少封闭和建筑要素较少的空间；另一方面是指向大众敞开的、为多数民众服务的空间。由此可以得出结论，城市开敞空间不仅应从调节空间结构、改善空间环境的视角进行定义，而且应从丰富娱乐体验、促进社会公平等方面加强深入研究。

（二）国内对城市开敞空间的界定

我国学者对城市开敞空间的研究起步较晚，长期处于不受重视的状态。城市开敞空间又称城市开放空间，是我国学者对"Open Space"的不同译法。现代汉语词典对"开敞"的相关解释是：①敞开，允许入内；②今多指公园、图书馆、展览会等公共场所接待游人、读者和参观者等；③思想开通、解放等。"敞开；没有遮挡"是对"开敞"的解释。本书主要强调的是空间的非排他性，因而，无论是外部形态还是内容意涵，"开敞空间"的译法对本书而言

---

[1] 克里斯托弗·亚历山大. 建筑模式语言：城镇·建筑·构造（上下）[M]. 王昕度，周序鸿，译. 北京：知识产权出版社，2002.

[2] 张虹鸥，岑倩华. 国外城市开放空间的研究进展[J]. 城市规划学刊，2007（5）：78-84.

都更加贴切、深入。同时，大多数研究也是选用了"城市开敞空间"，故本书选择"城市开敞空间"的说法。

直至20世纪80年代，城市开敞空间由南京大学地理系杨戊教授首次引入城市的理论研究和实践规划中，但研究大多聚焦在建筑领域。从1990年开始，城市开敞空间终于逐步成为相对独立的研究主体。城市开敞空间从一开始就具有多学科理论源流的特点，具有建筑学、地理学、景观学、经济学、生物学、社会学和文化学等多学科背景，并在学科相互交织、相互碰撞的过程中，逐步找到我国城市开敞空间的概念界定。

第一，从绿色基础设施的角度定义。城市开敞空间作为绿色基础设施率先被国内研究者所重视，主要强调了城市开敞空间作为绿色基础设施对环境美化、绿地保育的重要作用，以及作为协调城市结构的空间类型、保障城市环境可持续发展两方面的概念。其一，沈德熙和熊国平[1]、郑曦和李雄[2]先后提出了类似的定义，即"城市开敞空间既包括城市建成区内的园林植被、江湖水体等具有自然特征的环境空间及广场、道路等具有一定社会经济功能的人工地面，又包括城市近郊的耕地、林地、河湖水域、滩涂沙地、山地丘陵等用地"。这一界定强调的是城市开敞空间作为绿色设施，在一定区域内实现人与环境协调发展的空间类型和环境基础。其二，我国城市开敞空间研究的先驱学者、河南省城市规划专家委员会副主任王发曾[3]教授，提出了通过城市开敞空间系统的打造来优化和加强城市生态文明建设的思路。这在当下城市化进程快速推进的时期，无疑是一项关乎城市可持续发展的重大课题。因此他认为：城市开敞空间作为城市结构的调节器，在保障城市环境可持续发展、加快城市生态文明建设方面发挥着重要的作用，明确承认了城市开敞空

---

[1] 沈德熙，熊国平. 关于城市绿色开敞空间[J]. 城市规划汇刊，1996（6）：7-11.
[2] 郑曦，李雄. 城市开放空间的解析与建构[J]. 北京林业大学学报（社会科学版），2004（2）：13-18.
[3] 何伟纯，姜玉玲，康江江，王发曾. 河南省经济差异的时空演变及其动力机制[J]. 地域研究与开发，2016（4）：22-26.

间作为绿色基础设施的概念阐述是对我国新时期城市建设的客观要求和重要任务的回应。

第二，从社会功能的角度定义。国内城市研究学者逐步重视城市开敞空间所肩负的社会功能，从社会学、公共管理学的视角切入，对城市开敞空间进行了新的界定。其一，城市开敞空间是不同空间主体之间能量交换的渠道。洪亮平、刘志奇[1]、王发曾[2]、胡巍巍[3]等学者先后发声，认为"城市开敞空间是指城市或城市群中，存在于城市建筑实体之外的、具有较少遮挡的开敞空间体。在这一场域中，人与人、人与自然、人与社会之间彼此进行着物质、能量与信息的交换和融合，是城市空间中加速社会信息交换的场所和平台"。这一界定的前提是对城市开敞空间作为社会交往的物质载体和信息场域功能的认可。其二，城市开敞空间是实现社会多元融合的空间类型。著名城市研究学者、南京大学城市与资源学系教授张京祥认为："城市开敞空间也是城市地域内促进城市发展的为数不多的重要空间载体，可以说城市开敞空间的建设发展合理与否直接关系到城市的环境质量、居民的身心健康、社会的和谐运转。"[4]这一定义强调的是城市开敞空间品质对社会生活的多元影响，特别是宜人性和交互性对城市开敞空间周边区域中社会包容度的影响。

综上所述，目前针对我国城市开敞空间的研究缺乏系统性和全局观念，还处在一个比较低的认识和实践水平上。虽然部分学者已经认识到城市开敞空间与社会经济之间的深层次联结，但是对城市开敞空间的定义仍然较多地停留在促进生态平衡、提升景观审美的层次，对城市开敞空间的社会功能缺乏系统、权威的界定。

---

[1] 洪亮平，刘志奇.武汉市城市开放空间系统初步研究[J].华中建筑，2001（2）：78-81.
[2] 王发曾.开封市生态城市建设中的开放空间系统优化[J].地理研究，2004（3）：281-291.
[3] 胡巍巍.景观格局与生态过程相互关系研究进展[J].地理科学进展，2008（1）：18-24.
[4] 张京祥，林怀策，陈浩.中国空间规划体系40年的变迁与改革[J].经济地理，2018（7）：1-6.

（三）本书对城市开敞空间的界定

根据上述概念界定的系统梳理，可以清晰地看到国内外学者对城市开敞空间的认识，从绿地空间、建筑外空间，逐步向经济空间、社会空间延伸。因此，本书所采用的定义可以表述为：城市开敞空间是指城市公共建筑外部的空间；是存在于城市建筑实体之外的开敞空间体；是比较开阔、向公众开放、具有一定公共服务设施、为多数民众服务的空间，包括绿色空间（公园、开放式公共绿地、附属绿地等）、广场空间、亲水空间（江湖水体及周围绿带）、街道及便利设施。

在本书中，城市开敞空间随着建筑形态的更新、生活方式的转变及社会交往的变革而有所演进，"开敞空间"不同于"封闭空间""闭合空间"等空间类型的原因主要有两点：一是物理尺度上的开敞，承载空间较为开阔、较少实体建筑的遮挡和阻隔；二是社会尺度上的开敞，空间的社会性和社会的空间性在城市开敞空间中实现多元融入，以开放的心态、给予高质量的公共文化服务，更好地激发城市开敞空间的社会文化功能。

二、城市开敞空间的分类、特性及作用

（一）城市开敞空间的分类

目前，国外学术界和业界针对城市开敞空间存在两种分类体系[1]：一种是根据城市开敞空间的服务等级来划分，另一种则是根据其功能并结合城市用地分类来划分。国外对城市开敞空间进行研究时，主要采用的是以第二种分类体系为主、两种分类体系相结合的划分方法，以下是一些比较有代表性的分类方法。其中，前三种主要根据城市开敞空间的功能划分，第四种是根

---

[1] 周艳妮，尹海伟. 国外绿色基础设施规划的理论与实践[J]. 城市发展研究，2010，17（8）：87-93.

据城市开敞空间的服务等级划分。第一，戈登·库伦（Gorden Cullen）等[1]根据空间的物理功能将城市开敞空间分为公园、绿道、防护绿地、林地和河流等类型。第二，科普作家艾利森·阿伯特（Alison Abbott）则根据社会功能的不同，将城市开敞空间分为城市边缘自然保护区、城市内部绿地空间系统和供娱乐观赏为主的休憩场所等。第三，弗吉尼亚·麦康奈尔（Virginia Mcconnell）等[2]基于土地资源的类型，将城市开敞空间分为自然区域、湿地、公园、农业用地、城市绿带和城市森林等类型。第四，根据城市开敞空间的服务等级来划分也是一些学者常用的分类方法。根据美国国家娱乐与公园协会的划分标准，将城市开敞空间划分为区级公园、线性公园、邻里公园、社区公园、专类公园、休憩场所、保护区和其他场所（如高尔夫球场等）。[3]

目前，我国尚未构建统一的城市开敞空间的划分标准，港澳台地区都有其各自遵循的城市开敞空间分类标准。在香港，根据城市开敞空间的服务等级，在《香港规划标准与准则》中，将城市开敞空间分为区级城市开敞空间和小区级城市开敞空间。[4]在内地，目前大部分学者采用的是根据城市开敞空间功能的异同进行分类。比如，洪亮平和刘奇志[5]将城市开敞空间分为绿地、公园、城市街道、城市广场等；唐勇[6]将城市开敞空间分为城市广场空间、绿色空间、亲水空间及步行空间等；苏伟忠、王发曾、杨英宝[7]则根据土地资源的功能异同将城市开敞空间分为江湖水体、山地丘陵、园林植被、滩涂

---

[1] CULLEN G, et al. the Treatment of Time in the Explanation of Spatial Behavior[J]. Human Activity and Time Geography, 1978(2): 27–38.

[2] MCCONNELL V, et al. the Trade-off between Private Lots and Public Open Space in Subdivisions at the Urban-Rural Fringe[J]. American Journal of Agricultural Economics, 2007, 89（5）: 1191–1197.

[3] WHITE D H, GOLDSTONE L A. Geothermal development plan: Maricopa County[J]. Nasa Sti/recon Technical Report N, 1981（83）.

[4] 香港规划署规划咨询及专业行政小组. 香港规划标准与准则[M]. 香港：香港规划署，2005: 12.

[5] 洪亮平，刘奇志. 武汉市城市开放空间系统初步研究[J]. 华中建筑，2001（2）: 78–81.

[6] 唐勇. 城市开放空间规划及设计[J]. 规划师，2002（10）: 21–27.

[7] 苏伟忠，王发曾，杨英宝. 城市开放空间的空间结构与功能分析[J]. 地域研究与开发，2004（5）: 24–27.

沙地、林地、耕地、广场、道路和闲置空地等。

根据列举的国内外城市开敞空间的分类方式，可以将国内外城市开敞空间常见的分类方法归纳如下：第一，层级法。将城市开敞空间的显性环境形态构成要素分为城市开敞空间宏观层次的要素，如主要天际线、制高点、道路网络格局、城市功能分区、绿地系统和广场系统等；中观层次的要素主要有城市中心区、街道、建筑群外延和江河湖滨岸线带等；微观层次的要素主要有小广场、小公园、花坛、喷泉、路灯和建筑外观等。第二，类型法。主要由空间原型根据集合要素的类型进行对照划分，这一方法一般需要结合具体的空间实例，与层级法等其他方法结合应用。第三，三元法。自然要素、人造要素及自然与人造要素的混合要素。第四，虚实法。将城市开敞空间分解为物质形态实体和实体依托并辐射的空间两部分，前者为实体空间，后者为虚拟空间。可见，城市开敞空间因其丰富的内涵，较难统一类型划分标准，研究者可根据研究主体的特征遵循某种分类方法。

（二）城市开敞空间的特性

针对城市开敞空间进行深入研究的过程中，国内外学者都对其特征和特性进行了准确的归纳和总结。其中，国外学者对城市开敞空间的特性主要归纳为以下几点。

（1）可达性。城市开敞空间作为贴近人们日常生活的亲密空间类型，其可达性的特征较为显著，表现为视力可及、投足可至、举手可触。根据欧洲众多城市的调查研究显示，民众希望从居住地或工作地到达附近城市开敞空间的距离为步行3~5分钟可至，这期间最好不经过交通要道、地下通道等交通设施。于是，欧洲许多城市的不同功能区、社区、邻里之间镶嵌了尺度各异、功能复合的城市开敞空间，就是为了满足不同使用者可达性的需求。

（2）非排他性。城市开敞空间建设的主要目的之一是最大限度消除收入、声望和权利等社会因素差异造成的社会不平等现象，因此非排他性是城市开敞空间最重要的社会属性。城市开敞空间代表了一种正义的尺度，是公共服务均等化的体现，而非一小部分特权阶级所享有。《我们城镇的未来：一种城市文艺复兴的传承》(Our Towns and Cities: The Future, Delivering an Urban Renaissance)是英国环境部在千禧年发布的报告，其中对城市开敞空间的发展提出了新的战略要求：面对英国现阶段高速发展的城镇化进程，应充分关注少数民族人口增加、老龄化趋势显著、部分丧失活动能力者的公共需求不断显现❶等议题，秉承公平性和共享性的理念，为不同人群提供更加高效贴心的服务。因此，在城市内部建设具有社会内聚性，以促进公平、社会融合为目标，避免因社会资源分布不均而加剧不平等的各类城市开敞空间场所，均是非排他性、公平性的表现。

（3）便利性。城市开敞空间不仅是生态协调和景观优化的需要，更是日常交往、社会融合的需要，因此城市开敞空间的便利性、安全性和舒适性是其需要满足的基本要求。早在20世纪美国社会学家威廉·怀特（William Whyte）就开始关注空间便利性与空间品质之间的关系，他在16年间用视频影像手段连续记录了纽约市广场和公园的使用实景，并以数字资料为参考来验证他之前提出的种种假设。最终，他欣喜地发现，与城市开敞空间的尺度规模和物理形态相比，人们使用空间的方便程度和提供活动的丰富多样可能成为空间品质更重要的衡量标准。由此可以看出，城市开敞空间的社会便捷程度远比物理空间形态更值得关注。

（4）象征性。城市开敞空间不仅具有生产文化产品、提供文化服务的功能，同时也具有制度象征性和精神表达性的特征，因此美国社会哲学家亨利·勒菲弗（Henri Lefebvre）将城市开敞空间看成具有丰富含义的感性空间，如一个剧场或一个舞台。以社区内的绿地公园为例，这个词的含义不仅限于人们居住地的附属用地，同时也代表了人们对所居住社区、邻里关系的舒适

---

❶ 截至2000年，英国城市化率超过80%，丧失或部分丧失活动能力的人群占总人口比重达到16%。

感、安全感和归属感等精神意象。这种附着了使用者精神意象的城市开敞空间，使人们将某种意义或特定的情感与社会生活中的空间场所相联结，并使其具有了固化的象征尺度。

（5）生态性。城市开敞空间受到地理空间资源的影响比较显著，因此具有复合的生态尺度。它一方面指生态水文等物理生态环境，另一方面指交往空间等社会生态环境。凯瑟琳·沃德·汤普森（Catharine Ward Thompson）[1]将城市开敞空间的生态性归纳如下：在城市结构和空间网络内，城市开敞空间应当为各种生态发展和社会活动的边际要素提供场所和余地。可见，城市开敞空间的生态性被他定义为一种包含了人与生态、人与社会互动的广义的生态主义发展关系。

国内学者关于城市开敞空间特性的研究成果跟国外的研究成果基本一致，主要关注生态景观功能和社会人文功能两方面的特性表征。以下是几种关于城市开敞空间主要特性的代表性论述。其一，傅佩霞[2]对城市开敞空间与社会经济不同面向的互动过程中所表现出的特征进行了提炼，她将城市开敞空间的生态性、文化性和经济性概括为城市开敞空间的主要特性。其二，史津[3]从科学系统论的角度进行总结归纳，认为城市开敞空间具有整体性与阶层性、自然性与社会性、动态性与稳定性等特征；同时也从相似的研究视角出发将城市开敞空间的主要特征归纳为生态性、文化性和经济性。其三，部分学者从城市开敞空间承担的社会功能视角出发，对其特征进行梳理和归纳。其中唐勇[4]将开放性、功能性、社会性、人工性和可接近性视为城市开敞空间的主要特征；而王欣和沈建军[5]则认为城市开敞空间具有生态调节、环境

---

[1] THOMPSON C W. Walking and the French Romantics: Rousseau to Sand and Hugo[M]. Bern: Verlag Peter Lang, 2003.
[2] 傅佩霞. 关于城市开放空间保护与再生的思考[J]. 引进与咨询, 2004（1）: 13-15.
[3] 史津. 城市生态空间[J]. 天津城市建设学院学报, 2002（1）: 9-13.
[4] 唐勇. 城市开放空间规划及设计[J]. 规划师, 2002（10）: 21-27.
[5] 王欣, 沈建军. 建设有活力的绿色空间网络——浅谈21世纪城市绿地系统[J]. 浙江林业科技, 2001（5）: 54-56.

控制、遗产保护、景观优化、休闲体验和价值凝聚等作用和特征。可见，国内学者针对城市开敞空间特性的研究同样集中在物质景观功能和社会人文功能。

随着学界、业界对城市开敞空间的探索和实践，城市开敞空间的类型从公园、广场、绿地系统、滨水空间等注重环境改善、应对城市蔓延的空间类型，逐步转变为调整社会结构、提升城市活力的空间类型。在总结国内外先进做法后发现，城市景观小品、街心花园、文化商业综合体中庭、商务办公楼之间的休憩空间等，都可以作为城市开敞空间的典型代表，成为塑造社会生活的生动场景。本书认为较少遮挡的场所、向公众开放的权利、较高审美品位的物质形态、生动愉悦的活动形式，是城市开敞空间的重要组成部分。本书旨在通过对城市开敞空间不同文化要素及其特征的深入剖析，使固化的空间成为凝聚城市价值观的多元载体，从而实现城市以文化为导向的创意发展路径。

（三）城市开敞空间的作用

根据上文对城市开敞空间特性的梳理，不难看出城市开敞空间同时兼具物理形态的开放便利和社会属性的公共包容两个特性，对城市的物理环境建设和社会精神凝聚具有极为重要的意义。城市开敞空间的作用主要表现在两个方面。

第一，城市开敞空间作为有形的物质空间形态对城市创新起到了推动作用。

首先，城市开敞空间是基础设施的"发生器"和社会文化生活的有形"容器"，如人流、物流和空气流等的通道，既是人和各种动植物赖以生存和成长的重要条件，也是城市避灾、调节市区小气候、保持城市活力的重要物质基础。同时，城市开敞空间还具有维护和改善交通、保护周边历史遗迹、提高城市防灾能力等作用。

其次，城市开敞空间的存在形式灵活，可以散落在城市的各个角落。一方面突破了静止展陈展示的方式，通过文化活动或流动性的城市景观，让文化艺术产品或服务更贴合居民的切实需求，提升当地居民的社会责任感；另一方面城市开敞空间与周围环境的融入感更强，受到城市空间环境的限制更少，也就更容易在城市的细微处营造惬意的空间氛围。

最后，城市开敞空间的建设手段相较大型的城市空间而言更为多样，艺术小品、喷泉广场、商务办公区的休憩长椅、街心公园的健身设施、街道转角的游乐玩具、河滨绿地的节庆活动、城市街道的创意集市等，都是城市开敞空间的典型代表。越小的物理空间内越容易集聚具有相同价值观的人群，并且在非正式的社会交往中创造新的价值观。

第二，城市开敞空间具有较强的社会属性，在培育生活方式、提升消费模式方面承担着重要作用。

首先，城市开敞空间是城市形象和精神面貌的展示和传播窗口，其在城市内部的分布格局和尺度形态，代表了不同城市文化背景下所表达的品位和特色。美观的城市开敞空间景观往往给人以丰富的视觉享受和艺术熏陶，而具有当地特色的城市开敞空间景观则能够传递亲切感和归属感。如此营造，便可增添城市的文化魅力和影响力，培育居民文化消费的意识和需求。

其次，城市开敞空间是提升居民生活品质、实现社会共同目标的重要引擎和发动机。城市开敞空间的类型和特征决定了其不仅是提供户外活动和休闲休憩体验的物质载体，同时也是信息传递、情感互动、社会融合的重要场所。舒适安全的城市开敞空间会对使用者的身心产生正向的影响，鼓励彼此相互交往、互相关心，从而起到增强社会认同感和凝聚力的重要作用。

最后，城市开敞空间所产生的直接或间接经济效益也是十分显著的。城市开敞空间是提高城市宜居性的重要手段和途径，随之会带来周边土地和地产价值的上升，从而直接对城市的经济发展产生贡献。对城市建设而言，城市开敞空间的建设就是决策者对城市空间进行的一项具有较高经济回报率的投资。与此同时，城市开敞空间不同于大面积商业区和居住区的建设，不同尺度的城市开敞空间突破了政府和开发商的局限，将社会组织、小微企业、当地居民等多元主体纳入了空间营造的范畴。它一方面积极调动了更广泛的社会主体的参与，另一方面将空间营造的直接成本有效分摊。

第二节　动力机制的基本认识

一、动力的基本认识

在自然科学研究领域，动力指的是推动事物运动与发展的力量。应用于社会经济研究领域，动力可引申为通过调整社会经济发展的规模、速度和节奏；通过协调各方的观念、价值取向和利益分配；通过调节功能、结构及决策和操作体系，使社会经济符合事物发展的客观规律，以实现顺和、均衡和有序的目标。本书所探讨的动力，主要是将其视为推动事物运动与发展力量的动力，旨在厘清城市开敞空间文化创新发展过程中的各类动力及其内在运行规律。

二、机制的基本认识

机制在人类学、经济学和社会学等社会科学范畴中的含义被引申为在事物变化、发展、演进过程中的内在过程和内在机制[1]，也就是影响事物变化的主要因素、作用过程及其运行规律。可见，机制能够反映事物各要素之间的

---

[1] 中国社会科学院语言研究所. 现代汉语词典[M]. 北京：商务印书馆，2002：523.

本质联系，掌握机制的运行规律就相当于掌握了事物发展变化的本质。本书主要聚焦机制的研究，这就意味着对城市开敞空间的研究已从对物理现象的描述演进到对城市开敞空间文化创新动力本质的说明。

机制一般包含三个部分。一是关系的联系方式。在本书中指的是城市开敞空间四类文化要素之间的联结是通过什么样的关系得以不断紧密。二是关系的发生过程。在城市开敞空间文化动力机制的研究范畴中，不仅要抽象地提炼出城市开敞空间文化要素之间的关系及这些关系的交互方式，还要深入探讨不同文化要素相互联结的过程中在理论探讨和现实实践中表现出何种内在逻辑。对城市开敞空间文化创新动力机制的运行过程，并不是针对某一特定案例的具体实践过程进行梳理，而是意图抽象地提炼出具有普世性、原理性的一般规律。三是关系的存在条件及其可变性。城市开敞空间文化创新动力机制的研究前提是，充分考虑动力机制运行过程中外在条件的存在环境和变化情况，以此提升城市开敞空间文化创新动力机制的灵活性和适应性。

三、动力机制的基本认识

所谓动力机制，是指一个社会、区域和业态赖以运动、发展和变化的不同层级的关系和其产生的推动力量，以及它们产生、传导并发生作用的过程、机理与方式，其本质是描述动力与事物运动与发展的内在联系。[1] 动力机制在很大程度上决定着、制约着事物运行的整体过程，成为事物不同面向、不同层级向前运行的基础。动力机制本质上是抽象的，却拥有具象的表现形式。换句话说，作为潜藏在各种社会表象之后的运行机制和内在逻辑，往往通过某些特定的体制、政策、规范、制度、精神和文化表现出来。因此，针对城市开敞空间文化创新动力机制的研究，为了从根本上揭示城市开敞空间文化

---

[1] 刘静. 中国特色社会主义生态文明建设研究 [D]. 北京：中共中央党校，2011.

创新的运行规则和内在机制，需要以一定的价值目标为出发点，设计并建立一系列体制、规范、制度、精神和文化，使动力机制的运行状况达到最佳状态。

　　国内外学者针对动力机制的含义给出了几方面的解释：其一，城市开敞空间文化创新动力机制具有整体性的特征。因为城市开敞空间文化发展是一个复杂运行的系统，需要各方面众多的"相互关联""相互交错"，甚至是"相互冲突"的动力元素组成复杂整体，并以此汇聚推动城市开敞空间发展的能量组合。其二，城市开敞空间文化创新动力机制具有结构权变性。任何一种动力机制的组合方式都有其内在的独特结构，城市开敞空间文化创新动力机制也不例外。它根据外部不同环境条件进行自我调节，并遵从内在主导动力的作用方向，不断发生结构上的变化。其三，城市开敞空间文化创新动力机制具有包容性和开放性。随着科学技术的不断提升、精神文化的不断丰富、社会制度的不断完善，城市开敞空间的文化要素也在不断深入、不断扩展中。因此，城市开敞空间文化创新动力机制仍然不断有新的要素涌现、新的类型诞生，可以说是一个研究主体自身潜能不断迸发的过程。

第二章 文献综述与相关理论的阐述

第一节 文献综述

一、城市开敞空间的研究综述

（一）城市开敞空间研究的文献梳理

我国学者对城市开敞空间的关注和研究起步较晚。20世纪80年代由南京大学地理系杨戊教授率先提出城市开敞空间（Open Space）的概念，并将其引入城市规划的学科范畴。之后是长达20年的沉寂，鲜有学者将其视为重要的研究主体。

在中国知网中输入"城市开敞空间"和"城市开放空间"作为题名进行检索，通过对核心期刊和硕博论文的检索结果进行统计后发现（见图2-1），直到20世纪末有关城市开敞空间的研究才逐步兴起。2000—2016年研究成果的数量呈直线上升的趋势，其中2016年的研究热度最高，期刊文章和硕博论文数量达到185篇。紧接着，最近几年研究成果的数量略有下降，2018年我国学者对城市开敞空间、城市开放空间的相关研究总量为123篇。通过对统计结果进行分析后发现，我国对城市开敞空间的研究主要集中在城市规划、建筑学、环境艺术设计、文化地理学等领域。其中，绝大部分研究围绕着建筑景观、生态设计、环境艺术、使用行为、使用评价等中、微观层面，而涉及城市开敞空间的宜人性、社会功能、文化价值等层面的研究相对较少。

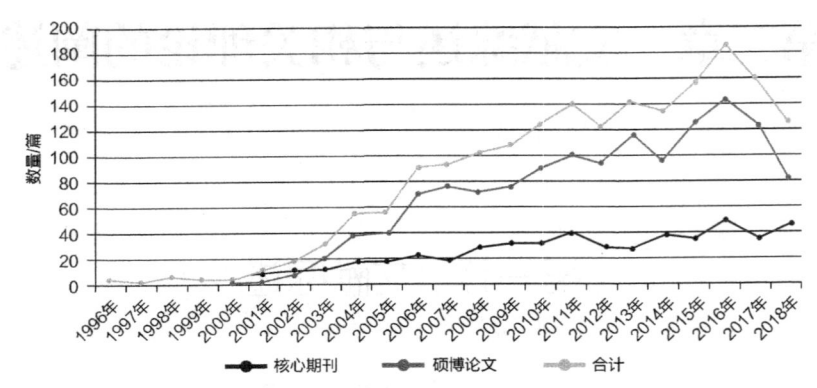

图 2-1 我国开敞空间研究文献年度变化（1996—2018 年）

数据来源：中国知网。

（二）国内城市开敞空间研究综述

1. 对国外研究的引入与总结

在我国推进城市开敞空间研究的过程中，有不少学者对国外开敞空间的发展历程、研究进展及当前热点进行了总结和梳理，并针对管理、规划和设计等相关方面的优秀案例进行引入和介绍，在很大程度上对我国开敞空间的理论研究与实际建设提供了指导和借鉴。

首先，国内学者引入国外城市开敞空间的发展历程。其中，王洪涛[1]重点总结了20世纪80年代德国城市开敞空间建设的经验和教训，对城市开敞空间发展规划的详细内容进行了系统的梳理，提出了当下较为完善的城市开敞空间规划方法和程序步骤。韩西丽和俞孔坚[2]分析了1929—1991年伦敦城市开敞空间的规划进程，详细阐述了不同发展阶段的规划思路和未来城市开敞空间的发展趋势，并强调了绿道在城市开敞空间中的突出作用。黄肇义和杨东援[3]回顾梳理了国内外生态城市的发展过程，并对生态城市理论进行了

---

[1] 王洪涛. 德国城市开放空间规划的规划思想和规划程序 [J]. 城市规划，2003（1）：64-71.
[2] 韩西丽，俞孔坚. 伦敦城市开放空间规划中的绿色通道网络思想 [J]. 新建筑，2004（5）：7-9.
[3] 黄肇义，杨东援. 国内外生态城市理论研究综述 [J]. 城市规划，2001（1）：59-66.

深入的剖析，结合当时最新提出的生态经济理论，提出了我国完善城市开敞空间生态经济效用的路径。

其次，国内学者对国外城市开敞空间的研究进展进行了梳理。其中，张虹鸥和岑倩华❶根据对城市开敞空间在国外的概念演进，将其发展历程分为环境保护、城市绿化、美学价值和多元价值四个发展阶段，同时基于国外的前沿研究动向，提出了我国城市开敞空间未来的发展趋势。张京祥和李志刚❷重点阐释了社会经济转型发展过程中，欧洲城市开敞空间的发展逐步强调其社会文化价值。佛朗哥·比安基尼（Franco Bianchini）和王列生❸也提出了相似的观点，认为文化政策在城市开敞空间发展中是不可或缺的一部分。

最后，国内学者对国外城市开敞空间的研究热点进行了追踪。其中，吴伟和杨继梅❹总结了近30年国外城市研究学者，对城市开敞空间价值评估体系和评价方法的理论流变。曹清峰和倪鹏飞❺结合当下城市体系之间协同发展的重要趋势，对欧洲多中心、多层次、群体网络化的城市空间体系进行了热点追踪，明确了空间体系、产业体系、科技创新之间网络联动的重要性。倪鹏飞、徐海东、沈立、曹清峰❻运用结构方程模型，意图找到亚洲566个城市之中城市空间经济竞争力的影响因素，并对各要素之间的作用机制进行分析，为今后作用机制效能的提升给出了切实的建议。洪菊华❼通过对巴黎

---

❶ 张虹鸥，岑倩华. 国外城市开放空间的研究进展 [J]. 城市规划学刊，2007（5）：78-84.
❷ 张京祥，李志刚. 开敞空间的社会文化含义：欧洲城市的演变与新要求 [J]. 国外城市规划，2004（1）：24-27.
❸ 佛朗哥·比安基尼，王列生. 重建欧洲城市：文化政策的角色 [J]. 福建论坛（人文社会科学版），2016（8）：117-126.
❹ 吴伟，杨继梅. 20世纪80年代以来国外开放空间价值评估综述 [J]. 城市规划，2007（6）：45-51.
❺ 曹清峰，倪鹏飞. 欧洲城市发展格局对构建新时代中国城市体系的启示 [J]. 西部论坛，2019（4）.
❻ 倪鹏飞，徐海东，沈立，曹清峰. 城市经济竞争力：关键因素与作用机制——基于亚洲566个城市的结构方程分析 [J]. 北京工业大学学报（社会科学版），2019，19（1）：50-59.
❼ 洪菊华. 从巴黎塞纳河看城市滨水空间资源的保护与利用 [J]. 城市住宅，2019，26（1）：60-64.

塞纳河沿线的城市开敞空间进行个案研究，梳理出滨水空间对形塑城市文化、提升城市形象的重要作用。

2. 城市开敞空间的规划原理与规划实践

首先，国内学者从城市开敞空间的城市规划理论出发，不断丰富空间规划的意涵和方向。其中，沈德熙、熊国平[1]是相对较早关注城市开敞空间研究的学者，主要集中在对其绿色功能的阐述上，并致力于将绿地系统纳入城市总体规划的编撰和实施中。近年来，熊国平等[2]进一步研究了绿色隔离区在城市空间中的作用，从地区规划策略的角度揭示其空间演变动因。马强、徐循初[3]历数"精明增长"模式较"城市蔓延"模式更为科学的原因，并基于此制定了更为和谐合理的规划理念和实践方案。李敏[4]强调人居环境的重要性，探析城市绿地系统与人居环境满意度之间的关系，基于城市生态绿地系统规划的调查分析和数量研究方法，对规划方法进行深入研究。余琪[5]过往的研究明确提出了城市空间规划体系是城市总体规划的重要组成部分，而规划师的业务水平和综合素质往往是城市空间规划理念能否科学融入城市总体规划的重要条件，因此作者就如何更好地将规划理念付诸实践，从宏观、中观及微观不同层次进行了系统而深入的探讨。

其次，不少国内学者从生态视角出发，对城市开敞空间的设计理念和规划实践进行了探讨。其中，王绍增、李敏[6]强调了城市开敞空间对优化城市生态环境的重要作用，认为绿地系统对城市可持续发展至关重要，因此在绿

---

[1] 沈德熙，熊国平. 关于城市绿色开敞空间 [J]. 城市规划汇刊，1996（6）：7-11.
[2] 熊国平，尤方璐，曹伯威. 大城市绿色隔离地区规划策略研究——以石家庄为例 [J]. 中国园林，2019，35（3）：46-51.
[3] 马强，徐循初."精明增长"策略与我国的城市空间扩展 [J]. 城市规划汇刊，2004（3）：16-22.
[4] 李敏. 城市绿地系统与人居环境规划 [M]. 北京：中国建筑工业出版社，1999.
[5] 余琪. 空间规划体系下的城市总体规划研究 [J]. 建材与装饰，2019（15）：101-102.
[6] 王绍增，李敏. 城市开敞空间规划的生态机理研究（上）[J]. 中国园林，2001（4）：5-9.

地系统规划建设中应遵循系统的基本原则和指标体系。王发曾[1]、姚亦峰等[2]、肖笃宁等[3]也先后提出了绿色景观系统对城市开敞空间规划实践的正向影响。俞孔坚等[4]以北京市为例，借助 GIS 技术对城市开敞空间的生态安全格局进行模拟和分析，得出了用尽可能少的土地来维护生态服务系统，从而为城市创新发展提供充足用地。汪洋[5]意识到了海河中游的重要战略地位，一方面保持生态环境，另一方面又是城市空间外溢的发展动力，将其视为城市开敞空间生态规划的研究对象。董惠等[6]学者以北京副中心为例，认为城市开敞空间规划应形成区域协同发展的绿色空间格局，构建绿地游憩体系，实现普惠共享的绿色空间体系和蓝绿交织的空间景观风貌。

3. 城市开敞空间中的环境景观设计

首先，国内学者将城市开敞空间中的环境景观设计作为重要的研究对象，意图找到空间设计与城市文化的有机结合。韩瑞光[7]概括了新加坡环境景观规划的发展历程，认为住区绿地应与城市开敞空间中的公共绿地连成一体，将住宅环境与城市整体的环境景观融为一体。姚雪艳[8]同样关注住区景观营造方法，构建了人与人、人与植物、人与动物和谐共生的景观设计方式。陈黎珍[9]、刘冬兰[10]、朱红佳等[11]学者分别从城市综合体、商业步行街、老年人户

---

[1] 王发曾.我国生态城市建设的时代意义、科学理念和准则 [J].地理科学进展，2006（2）：17-25.
[2] 姚亦峰，吴忆明.现代中国风景园林规划与旅游开发 [J].地理学与国土研究，1999（1）：53-56.
[3] 肖笃宁，解伏菊，魏建兵.景观价值与景观保护评价 [J].地理科学，2006（4）：4506-4512.
[4] 俞孔坚，王思思，李迪华，乔青.北京城市扩张的生态底线——基本生态系统服务及其安全格局 [J].城市规划，2010，34（2）：19-24.
[5] 汪洋.天津海河中游地区城市功能及空间发展模式研究 [J].智能城市，2019，5（8）：114-115.
[6] 董惠，李秀伟，路林，张昊.生态文明背景下北京城市副中心高品质绿色空间规划 [J].北京规划建设，2019（2）：40-44.
[7] 韩瑞光.人性化的新加坡居住及环境景观规划 [J].中国园林，2007（10）：43-46.
[8] 姚雪艳.我国城市住区互动景观营造研究 [D].上海：同济大学，2007.
[9] 陈黎珍.城市综合体环境景观设计要点分析 [J].上海建设科技，2013（3）：31-35.
[10] 刘冬兰.城市老年人户外环境景观设计研究——以福州市为例 [J].福建教育学院学报，2012，13（3）：43-46.
[11] 朱红佳，刘慧民.商业步行空间外环境景观设计 [J].黑龙江生态工程职业学院学报，2012，25（2）：8-10.

外空间等方面对环境景观设计的方法和原则进行了探讨，认为充满适用性、人性化和体验感的景观设计方案更易推动城市开敞空间公共景观的使用率和满意度。类似理念同样适用绿地、广场、公园、商场、步行街、CBD、校园、工业科技园、滨水区、历史文化地段和地下空间等城市开敞空间景观的设计。

其次，不少国内学者在城市开敞空间环境景观设计的实证研究方面做出了尝试。徐磊青[1]在2001—2002年间追踪调研了上海市的四个广场、五条步行街，实证研究城市开敞空间内不同人群的环境行为，明确了观光、休闲和聚会三种较为明显的活动取向。十年后，徐磊青、康琦[2]再次聚焦上海市南京西路，意图揭示商业街区和建筑底层空间与街道空间活力之间的影响关系。最终得出了街道步行区域的宽度和高度与人们停留驻足、开展活动之间存在着反向影响的关系，因此要增加低层建筑的透明度，而缩小街道的开敞程度。彭慧蕴[3]以重庆市主城区作为研究样本，建构理想化的空间环境模型，用量化研究的手段对物理环境特征对社区公园恢复性环境的影响因素及其彼此之间的因果关系进行了探究，最终得到社区公园恢复性环境空间设计要素的网格，为空间环境设计的优化路径提供了指导。

4. 城市开敞空间格局的历史演变

从20世纪末开始，我国已有不少学者聚焦城市开敞空间格局的历史演变议题。周波[4]是较早研究这一议题的学者之一，他强调了城市公共空间对城市整体建设水平的重要作用，揭示了城市公共空间发展与演变的机制。蔡青[5]根据长沙市中心城区30年的城市扩张数据，进行过程分析，探讨景观格

---

[1] 徐磊青. 城市开敞空间中使用者活动与期望研究——以上海城市中心区的广场与步行街为例[J]. 城市规划汇刊，2004（4）：78-83.
[2] 徐磊青，康琦. 商业街的空间与界面特征对步行者停留活动的影响——以上海市南京西路为例[J]. 城市规划学刊，2014（3）：104-111.
[3] 彭慧蕴. 社区公园恢复性环境影响机制及空间优化[D]. 重庆：重庆大学，2017.
[4] 周波. 城市公共空间的历史演变[D]. 成都：四川大学，2005.
[5] 蔡青. 基于景观生态学的城市空间格局演变规律分析与生态安全格局构建[D]. 长沙：湖南大学，2012.

局指数在城市开敞空间变化过程中的演变规律。钟洋、胡碧松❶运用Landsat系列卫星同期数据和聚类分析，并用FRAG-STATS软件对长江中游城市的夜间灯光数据进行矫正分析，对1992—2013年空间格局的变化进行测算和绘制，最终得到城市开敞空间中环境景观的密度和形状的复杂度呈现逐年上升趋势的结论。于亚平等❷学者通过对南京市1988年、2000年、2013年的TM/ETM遥感影像数据进行监督分类，获取不同时期城市范围内的土地使用类型图；根据形态学空间格局分析（MSPA）方法对三个时期城市开敞空间绿色景观类型图的空间格局变化进行评价。李维维等❸以西安曲江城市旅游综合体为研究范本，采用GIS分析法，研究城市旅游综合体过程和动力机制。他们认为针对城市旅游综合体用地格局的演变规律及动力机制的研究能够实现空间增值及杠杆调节的作用，对城市开敞空间的协同发展和现代服务体系建设具有推动作用。

5.城市开敞空间的宜人性研究

我国学者对城市开敞空间宜人性的研究主要表现在两方面：一方面指的是城市开敞空间的可达性；另一方面指的是城市开敞空间的人性化。

首先，俞孔坚等❹选择中山市为分析样本，率先对城市开敞空间进行了关于可达性的定量研究，将空间中环境景观的可达性作为评价城市开敞空间品质的要素之一。尹海伟等❺同样也是较早关注城市绿地空间可达性和公平性的中国学者，他们认为可达性等一系列指标在导入城市开敞空间的功能评

---

❶ 钟洋，胡碧松.夜间灯光数据的长江中游城市群空间格局演变[J].测绘科学，2018，43（9）：68-75.

❷ 于亚平，尹海伟，孔繁花，王晶晶，徐文彬.基于MSPA的南京市绿色基础设施网络格局时空变化分析[J].生态学杂志，2016，35（6）：1608-1616.

❸ 李维维，陈田，马晓龙.城市旅游综合体土地利用空间格局演变及驱动机制——以西安曲江为例[J].地理研究，2019，38（5）：1103-1118.

❹ 俞孔坚，叶正，李迪华，段铁武.论城市景观生态过程与格局的连续性——以中山市为例[J].城市规划，1998（4）：13-16.

❺ 尹海伟，孔繁花，宗跃光.城市绿地可达性与公平性评价[J].生态学报，2008（7）：3375-3383.

价时是必需的，而且对城市绿地空间的选择需要特别注意范围、尺度和数据精度，以确保定量分析的科学性和准确性。陈竹、叶珉[1]对西方城市开敞空间可达性和公共性的价值判定的主要指标进行了梳理和总结，以此证实了城市开敞空间的本质属性，并对城市开敞空间与社会政治经济文化之间的相互关系进行了探析。张金光等[2]通过定量数据辅助定性分析，采用层次分析法（AHP）与德尔菲法（Delphi）得出城市公园选址的权重因素，并为江苏省高邮市规划了多个重点建设公园选址。罗萍嘉等[3]认为空间可达性是城市开敞空间品质评价和服务公共大众的重要标准，通过GIS分析方法对徐州市公共绿地系统的信息进行提取和测算，得到了徐州市公共绿地可达性的分级分布图，为城区内绿色开敞空间的合理分布提供了指导。

其次，近年来城市开敞空间实践过程中将"人性化"作为重要的原则之一，满足不同群体的公共文化生活，是城市开敞空间的主要建设目的之一。苏晓静[4]从含义、功能等方面对城市街道重新阐释，通过分析老人、女性、儿童、大学生、创意阶层和身体障碍者等不同人群的行为特点，认为城市街道的设计和道路应符合不同人群的需求，体现空间设计的人性化特征。马瑞[5]基于对儿童、学生和女性等安全性的考虑，明确提出了城市"易犯罪空间"的概念，从城市开敞空间的位置、城市开敞空间的形态、城市开敞空间的氛围三个方面切入，提出了对环境景观设计的原则和要求。刘莹[6]介绍了"巴黎海滨"模式建设的成功之处，并借鉴将其由于中国传统文化聚集的城市

---

[1] 陈竹，叶珉．什么是真正的公共空间？——西方城市公共空间理论与空间公共性的判定[J]．国际城市规划，2009，24（3）：44-49．

[2] 张金光，韦薇，承颖怡，赵兵．基于GIS适宜性评价的中小城市公园选址研究[J]．南京林业大学学报（自然科学版），2019（6）．

[3] 罗萍嘉，秦晓亚，李旭．基于GIS的城市开敞空间可达性分析——以徐州市主城区为例[J]．园林科技，2017（3）：19-26．

[4] 苏晓静．街道本意的回归[D]．大连：大连理工大学，2002．

[5] 马瑞．城市"易犯罪"空间研究[D]．北京：清华大学，2010．

[6] 刘莹．"巴黎海滨"对中国城市建设中开放空间营造的启示[J]．桂林航天工业高等专科学校学报，2009，14（4）：528-529．

开敞空间，提出了为不同群体提供文化产品和文化服务的策略和方法。目前，一大批国内设计领域的学者开始关注城市开敞空间人性化设计，陈高❶以城市体育休闲公园空间容量的人性化设计为出发点，建立了空间容量模型，力求找到空间的最优化发展模式。

综上，根据对现有研究内容的梳理，对我国城市开敞空间的研究现状进行简要评述。总体来说，我国城市开敞空间的研究仍集中于从设计学和城市规划学的角度深入，尤其是对生态美化和环境景观设计方案的研究比重较大，也取得了一定的研究成果。同时，用 GIS 等地理分析技术对城市开敞空间的格局演变进行了科学演算，为城市开敞空间的分布规划和使用行为研究提供了指导。然而，现有研究涉及城市开敞空间与社会政治经济文化之间作用关系的论述较少，因此无法从宏观角度全面审视城市开敞空间对社会历史变迁起到的重要作用，整体研究缺乏科学系统性。❷

（三）国外城市开敞空间研究综述

国外对城市开敞空间的理论研究和具体实践均早于我国，呈现出理论系统较为科学、实践操作较为深入的特征。19 世纪中叶，城市开敞空间开始登上历史舞台，1843 年建成的英国伯肯海德公园是第一个向公众免费开放的城市开敞空间。随后，1858 年建成的美国曼哈顿地区的纽约中央公园，让更多的城市问题研究者和建设者开始关注城市开敞空间的界定及特点。受到 20 世纪末在西方国家兴起的城市美化运动的影响，城市开敞空间优化空间结构，打造"人性化"和"社会化"城市空间的作用逐步凸显，自此西方国家的城市开敞空间建设得到了逐步发展和完善。

1. 城市开敞空间的研究注重人的需求

首先，明确在城市开敞空间的理论研究和实际建设过程中，人性化的重

---

❶ 陈高. 人性化视角下的城市体育休闲公园空间容量分析 [J]. 设计，2019，32（1）：35-37.
❷ 王勇，李广斌，钱新强. 国内城市经营研究综述 [J]. 城市问题，2004（1）：8-13.

要战略地位。伊安·麦克哈格（Ian McHarg）较早在《设计结合自然》❶ 一书中提出了"人与自然互动过程中应给予自然环境足够的尊重"这一理念，并长时间影响着后来学者的研究。克里斯托弗·亚历山大作为美国杰出的建筑理论家、城市设计学家，注重城市开敞空间使用过程中人的心理感受，并对空间环境中人的使用行为进行了大量研究。在其编撰的《建筑的永恒之道》❷ 及专著《城市并非树形》❸ 等书中对城市开敞空间有较为精辟的论述，同时对市中心、居住区、商业区等不同功能的社会空间中的城市开敞空间进行分类研究，结合先进的设计原理建立起具有阶梯层级的理论体系。世界知名景观设计师克莱尔·库珀·马库斯（Glare Cooper Marcus）运用翔实的论述和丰富的案例，展现了城市开敞空间中的人文主义关怀，认为人本主义应当是城市开敞空间的建设标准和建设目标之一。他的专著《人性场所——城市开放空间设计导则》❹ 自出版起便被誉为城市开敞空间的人文典范，将城市开敞空间归纳为具体的类型，并给出了相应的设计建议。

其次，探讨城市开敞空间与人们实践活动之间的互动关系。在全球化浪潮的驱动下，城市开敞空间的创新发展成为城市治理的重要组成部分。不少国外学者致力于探究空间形态、空间功能与社会活动之间的互动关系。比如，哈佛大学设计学院院长彼得·罗伊（Peter Rowe）在2000年发表了一篇名为《市民社会与市民空间设计》❺ 的文章，提出了空间形态、综合效力、生活阅历与社会支持等因素相互作用的本质，将市民空间设计作为建筑设计、城市设计的一种思维方式。随后，美国学者莫什·萨夫迪（Moshe Safdie）梳理了城市开敞空间的社会属性，并总结了全球化趋势下社会活动对城市开敞空间

---

❶ 伊安·麦克哈格.设计结合自然[M].芮经纬，译.北京：中国建筑工业出版社，1992.
❷ 克里斯托弗·亚历山大.建筑的永恒之道[M].赵冰，译.北京：知识产权出版社，2004.
❸ 克里斯托弗·亚历山大.城市并非树形[M].严小婴，译.北京：中国建筑工业出版社，2010.
❹ 克莱尔·库珀·马库斯.人性场所——开敞空间设计导则[M].俞孔坚，王志芳，孙鹏，译.北京：北京科学技术出版社，2017.
❺ 彼得·罗伊.市民社会与市民空间设计[J].世界建筑，2000（1）：76-80.

的环境景观和空间形态所带来的变化。在其著作《后汽车时代的城市》❶一书中，通过《城市与城市空间》这一章节的描写，对城市治理过程中社会实践所引起的城市问题进行了深入分析。这与日本当代著名建筑师芦原信义、丹麦学者扬·盖尔（Jan Gehl）的研究相互呼应。他们在《外部空间设计》❷《交往与空间》❸两本专著中分别就城市物理空间对居民外部活动的影响进行了剖析，建立起评价城市公共空间品质的评价标准，从而在城市化进程中促进不同阶层的社会交往，实现城市中不同空间层次的社会功能。弗朗西斯·钦（Francis Ching）和威廉·怀特同样注重城市开敞空间的社会属性，在《建筑：形式·空间和秩序》❹《小城市空间的社会生活》❺中分别就人本主义在城市公共空间建设过程中的理论地位进行了阐释。

2. 城市开敞空间的保护和利用研究

国外学者以城市开敞空间保护和利用为原点，对现存问题进行相应的对策研究。阿姆农·雷赫特（Ambon Rechter）等❻对1990年以来以色列的城市规划政策进行梳理，发现城市空间的无序扩张对城市开敞空间的形态和品质具有负面影响，并且对农田等珍贵的土地资源构成了潜在的威胁，因此应对不同类型的城市开敞空间扩张进行有序疏导。约翰·克拉克（John Clark）等❼学者对过去几十年美国城市化发展进行梳理后发现，研究缺少准确数据支撑的研究基础，因此通过数据建模找到保护城市开敞空间发展的影响因子

---

❶ 莫什·萨夫迪. 后汽车时代的城市 [M]. 吴越, 译. 北京：人民文学出版社, 2005.
❷ 芦原义信. 外部空间设计 [M]. 尹培桐, 译. 南京：江苏凤凰文艺出版社, 2017.
❸ 扬·盖尔. 交往与空间 [M]. 何人可, 译. 北京：中国建筑工业出版社, 2002.
❹ 弗朗西斯·钦. 建筑：形式·空间和秩序 [M]. 邹德侬, 方千里, 译. 北京：中国建筑工业出版社, 1987.
❺ 威廉·怀特. 小城市空间的社会生活 [M]. 叶齐茂, 倪晓晖, 译. 上海：上海译文出版社, 2001.
❻ RECHTER A, et al. Foreign Policy and Globalization Theory: The Case of Israel[J]. International Politics, 2011, 48（6）：707-730.
❼ CLARK J, et al. Spatial Characteristics of Exurban Settlement Pattern in the United States[J]. Landscape and Urban Planning, 2009, 90（3）：178-188.

及相互之间的作用关系。史蒂夫·莱纳（Steve Lerner）、威廉·普尔（William Poole）等❶学者意识到城市开敞空间智慧增长过程中的诸多问题，从学术理论和经济指数两方面进行分析，得出了保护城市开敞空间的工作不是给财政造成负担的"成本"，而是激活商业和邻里经济必要的"支出"。随后，研究者以美国诸多城市公园为例，进行了实证研究以佐证结论。田岛佳代（Kayo Tajima）❷和莫琳·奥斯汀（Maureen Austin）❸分别以波士顿和密歇根为例，认识到城市开敞空间范围内基础设施的建设和保护工作是十分必要的。通过对土地使用数据和资产价格评估数据的分析，证实了城市开敞空间对资产价值的提升作用，并从政府层面提出了保护城市绿色空间的专项项目。

3. 城市开敞空间的宜人性研究

首先，国外学者对城市开敞空间宜人性的界定比较有代表性的表述如下：居民对城市开敞空间所提供的经济、生态、文化和社会等功能的满足程度。比如，学者丽萨·特伦宾（Lisa Tyrvbinen）❹认为城市开敞空间宜人性最重要的表征是自然调节功能和社会融合功能，为此以芬兰城市公共绿地政策为例，详细阐述了绿色空间的多元效应。除了定性分析，大量国外学者运用定量分析法对城市开敞空间的宜人性进行测量。比如，史密斯·凯里（Smith Kerry）、普洛斯·克里斯汀（Poulos Christine）和金贤（Kim Hyun）❺利用 GIS 软件，将城市开敞空间的不同类型作为测量主体，选取相应变量之后，对城市公园、城市绿地、城市滨水区、城市运动场地等空间类型的宜人性进行了

---

❶ LERNER S, POOLE W, et al. The Economic Benefits of Parks and Open Space: How Land Conservation Helps Communities Grow Smart[J]. Economic Benefits, 1999（5）.

❷ KAYO TAJIMA. New Estimates of the Demand for Urban Green Space: Implications for Valuing the Environmental Benefits of Boston's Big Dig Project[J]. Journal of Urban Affairs. 2010（6）.

❸ AUSTIN M . Resident Perspectives of the Open Space Conservation Subdivision in Hamburg Township, Michigan[J]. Landscape & Urban Planning, 2004, 69（2）: 245-253.

❹ TYRVBINEN L. Economic Valuation of Urban Forest Benefits in Finland[J]. Journal of Environmental Management, 2001, 62（1）: 75-92.

❺ KERRY S, CHRISTINE P, HYUN K. Treating Open Space as an Urban Amenity[J]. Resource and Energy Economics, 2002（24）.

估算，根据城市开敞空间周边环境的特殊性对空间尺度和区位选址给出了参考意见。

其次，一些国外学者将城市开敞空间的宜人性作为城市规划和城市政策重要的组成部分和考量指标。皮特·克里斯托弗森（Peter Kristoffersen）等[1]学者在欧洲选取了七个国家进行政策调研，先后对丹麦、芬兰、德国、拉脱维亚共和国、荷兰、瑞典和英国城市政策和城市规划中，关于城市宜人性的条款和规定进行了梳理和对比，意图找到城市开敞空间使用过程中不同国家和区域居民的真实感受和存在问题。约翰·伯吉斯（John Burgess）等[2]学者致力于研究城市开敞空间的使用偏好问题，通过对英国土地使用情况的调查研究，梳理出不同社会阶层、年龄、受教育程度和工资对城市开敞空间的评价体系的影响。

4. 城市开敞空间的社会文化功能研究

首先，国外学者从社会学、经济学、地理学、建筑学和设计学等不同学科的角度对城市开敞空间的社会文化功能的研究已经较为深入。英国爱丁堡大学景观设计学教授凯瑟琳·沃德·汤普森（Catharine Ward Thompson）[3]很早就在文章中提出了"21世纪需要什么样的城市开敞空间"这样的问题，随后她在研究中对生活方式、价值取向、人生态度的社会和空间影响因子进行了总结，认为城市开敞空间社会影响模型需要适应未来城市生活，在个人发展和文化传承方面应承担更多的责任。学者拉尔·艾米丽（Rall Emily）、汉森·里克（Hansen Rieke）和保莱特·斯蒂芬（Pauleit Stephan）[4]进行了旨在

---

[1] KRISTOFFERSEN P, et al. A Review of Pesticide Policies and Regulations for Urban Amenity Areas in Seven European Countries[J]. Weed Research (Oxford), 2008, 48 (3): 201-214.

[2] BURGESS J, et al. The appraisal of Urban Regeneration Land: A Contemporary Perspective Uncertainty[J]. Journal of Property Investment and Finance, 2005, 23 (3): 213-233.

[3] THOMPSON C W. Urban Open Space in the 21st Century[J]. Landscape & Urban Planning, 2002, 60 (2): 59-72.

[4] EMILY R, RIEKE H, STEPHAN P. The Added Value of Public Participation GIS (PPGIS) for Urban Green Infrastructure Planning[J]. Urban Forestry & Urban Greening, 2018 (16).

探析城市开敞空间公共参与功能对空间的附加价值的研究。他们以公众参与地理信息系统（PPGIS）和真实社会评估工具（CES）作为研究基础，对柏林城市开敞空间的社会价值进行个案研究，并积极推行城市绿地基础设施建设计划（UGI）。

其次，国外学者采取不同社会群体的交互融合的视角对城市开敞空间的社会文化功能进行研究。学者伦道夫·赫斯特（Randolph Hester）[1]早在20世纪末期就提出了城市开敞空间设计的社会价值，认为城市开敞空间的社会价值体现在娱乐机器、消费项目、文化印象和经济资源等几方面。容·艾丝特（Yung Esther）、科内霍斯·希拉（Conejos Sheila）和陈·埃德温（Chan Edwin）[2]主要从老年人的社会需求出发，认为城市开敞空间不应只重视物理空间的便捷，社会安全感和社会融入感需要同样得到重视。他们先后对中国香港城市新区中的八个社区进行追踪调查，结果显示丰富的日常活动、便利的社区生活、包容的社交网络是老年人使用城市开敞空间时比较在意的因素。

5. 城市开敞空间的可达性和空间结构研究

首先，国外学者针对城市开敞空间可达性的研究成果较为丰富。比如，运用整体理论逻辑框架对城市开敞空间可达性规划的再反思，认为关于城市开敞空间的现有研究往往忽略"可达性"的复杂内涵。城市开敞空间的使用过程是一种行为过程，更是一种心理进程，因此需要采取整体理论模型进行具体分析。斯蒂芬·克雷格（Stephen Craig）等[3]针对澳大利亚老年人展开了一项实证研究，调查了当地老年人接近城市开敞空间的真实意愿和行为影响，追踪调查了不同区域城市开敞空间的使用情况和面临的现实问题。最终他们

---

[1] HESTER R. Social Values in Open Space Design[J]. Places A Quarterly Journal of Environmental Design, 1989, 6（1）：68-77.

[2] ESTHER Y, SHEILA C, EDWIN C. Social Needs of the Elderly and Active Aging in Public Open Spaces in Urban Renewal[J]. Cities, 2016（52）：114-122.

[3] CRAIG S, et al. "Can I Come To The Park?" Access to Urban Open Space: An Investigation of Older Adults in Australia, Their Perceived and Real Access to Open Space, and Implications for Practice [J]. State of Australian Cities Research Network, 2017（5）.

认为加强空间的可视性、提升深层社会融合的意愿、提供多元的活动方式，对拉动城市开敞空间使用率有直接的促进作用。费赞·埃尔基普（Feyzan Erkip）[1]以安卡拉作为研究主体，对城市公园的数量、人口情况和分布区位、公园的使用时间、公共交通到达距离等方面进行了 GIS 分析，对安卡拉城市公园的可达性和使用特征进行了总结。威廉·怀特（William Whyte）等[2]意识到 20 世纪中叶为了对抗城市扩张，美国人开始意识到保护失落的城市开敞空间是行之有效的方法，因此将提高开敞空间的使用率和可达性作为研究方向。他们将城市开敞空间与周边交通、建筑、活动场地和居住区等环境要素之间的连接方式进行了优化，力图在行为便捷度上有所提升。

其次，国外学者对城市开敞空间结构特征和结构演变的关注度也较高。特里·克拉克（Terry Clark）[3]将研究视角聚焦在城市开敞空间的格局流变上。过去研究学者普遍认为绿色开敞空间数量的增多会提升城市空间的使用率，促进社会生活设施的完善，然而随着研究的深入，作者认为音乐厅、酒吧等文化便利设施对城市创新的带动作用更为显著。虽然音乐厅等文化设施本身并非属于开敞空间的范畴，但在其周围形成的绿地空间、外围空地、大型中庭都符合城市开敞空间较少建筑物遮挡的特性。自此，对城市开敞空间格局演变的研究越发细致、越发多样。利舍夫斯基·斯坦尼斯瓦夫（Liszewski Stanislaw）[4]将城市开敞空间的开发与城市旅游相结合，以城市健康有序发展为目标，将各类开敞空间的使用和消费融入城市旅游路线之中，开启了空间布局的新思路。埃斯特·巴凯（Eszter Bakay）、多拉·胡特（Dóra Hutter）和

---

[1] ERKIP F. The Distribution of Urban Public Services: the Case of Parks and Recreational Services in Ankara[J]. Cities, 1997, 14（6）: 353-361.

[2] WHYTE W, et al. Open Space, and Environmental Activism[J]. Geographical Review, 1998, 88（2）: 259-274.

[3] CLARK T. Urban Amenities: Lakes, Opera, and Juice Bars[J]. Research in Urban Policy, 2003, 9（3）: 103-140.

[4] STANISLAW L. Urban Tourism Space Research Methods: Evolution and Patterns[J]. Turyzm / Tourism, 2014, 24（1）: 35-44.

金嘉·西拉吉（Kinga Szilágyi）[1]，详细阐述了1950年之后欧洲城市开敞空间和城市绿地高密度发展的演变格局，对每一阶段的发展现状、分布特点、作用功能和存在问题进行了深入剖析，为制定今后城市空间发展规划提供了有力的参照。

综上所述，国外学者将城市开敞空间作为独立研究主体的时间较早，涉及的学科门类比较全面、分析方法较为多样、研究体系较为完善、实践理念较为先进。首先，国外在对城市开敞空间进行研究时，涉及城市规划与设计、环境景观设计学、文化地理学、社会学、艺术学、经济学、政治学、文化学和心理学等相对成熟的学科。其次，分析方法以数据统计、GIS空间分析、模型分析等定量研究方法为主，同时与原理构建、深度访谈、问卷调查等定性研究方法相结合，实现城市开敞空间的多学科释义。再次，城市开敞空间的研究中始终贯穿人本主义的思想理念，理论研究和实践操作的最终目的都是解决人的物质需求和精神需求。最后，国外城市开敞空间研究已经形成较为完善的体系，不仅关注空间的生态效应，同时对社会属性、可达性、宜人性等社会文化效应同样重视；真正将城市开敞空间作为社会文化生活的元素，并对其内部不同要素之间的作用关系予以关照。可见，国外对城市开敞空间研究遵从了内部发展规律，真正实现了在研究细节上系统性的战略高度和复杂性的统一。

（四）我国城市开敞空间研究中的不足

通过对前文的梳理发现，国内外城市开敞空间研究现状呈现出研究体系较为完善、研究议题较为丰富、研究方法较为科学等特点。不可否认，我国城市开敞空间的研究整体势头良好，已经取得了具有一定国际影响力的研究成果。但是，相较于国外长期连续的学科发展和城市实践，我国短短近四十

---

[1] BAKAY E, HUTTER D, SZILÁGYI K. The Evolution of Open Spaces and Green Surfaces on High-Density Developments Since 1950[J]. Environment Development & Sustainability. 2017（9）.

年的研究和建设仍然与国际水平存在差距。因此，为了使我国城市开敞空间的研究尽快步入快轨，需要对现存研究中的不足进行深刻剖析，直面问题与挑战。总体来说，我国与国外城市开敞空间研究的差距主要体现在以下几方面。

第一，研究历程仍处于探索阶段。以1877年英国伦敦《大都市开放空间法》的颁布为起点，国外对城市开敞空间的研究至少已有百余年的时间，已形成较为完善的理论研究体系和城市实践策略。国外的城市开敞空间建设进程主要经历了随机触发、城市美化运动、城区有机疏解、城市绅士化❶、生态保育控制和社会交往融入等几个主要阶段，因此相应的理论研究较为丰富而具体；相比之下，我国城市开敞空间的建设进程相对缓慢，相对密集的理论研究仅有几十年的时间，因此，很多具有我国特色的城市开敞空间议题仍处于摸索和尝试阶段。

第二，研究视角有待多元拓展。首先，国外城市开敞空间研究过程中涉及的学科较为广泛，如城市规划、建筑学、地理学、社会学、管理学、经济学、环境艺术设计学和生物学等；而我国城市开敞空间研究过程中，基于城市规划、城市空间设计、城市景观设计的研究成果较多。其次，国外针对城市开敞空间的研究不仅对其功能、价值、保护和开发进行广泛透彻的分析，而且重点关注城市开敞空间使用过程中人的体验和感受。我国有关城市开敞空间的大多数研究成果聚焦在城市开敞空间含义界定、特征归纳、作用总结、结构演变的探析上，而对整体性、系统性社会科学视角的研究涉入不深，特别是欠缺经济学、政治学、社会学方面的深层次研究。比如，城市开敞空间建设过程中人性化原则的实现路径、当地文化融入宜人性开敞空间的建设问题、空间演变动力机制挖掘等都是社会视角、文化视角对城市开敞空间提出

---

❶ 绅士化通常是指当工人阶级或穷人所在的城市地区在中产阶级群体中间流行起来后，中产阶级会聚集到该地区并取代当地居民。20世纪60年代末西方发达国家城市中心区更新中出现的一种社会空间现象，其特征是城市中产阶级以上阶层取代低收入阶级重新由郊区返回城市中心区。

的要求，目前仍然缺乏相对具体的理论指导。最后，我国城市开敞空间的案例研究往往集中于某一城市或城市中的某一区域，而协同创新的研究视角鲜少在城市开敞空间建设领域出现，如城市之间、城市群之间的联动效应的研究，往往缺少城市开敞空间文化协同创新角度的探讨。

第三，研究方法缺乏多元结合。国外城市开敞空间的研究始终注重科学系统的思维方式，采取GIS、回归分析、RS等科学建模方式，旨在测量社会科学不同发展要素之间影响作用的异同。同时，辅以调查、访谈、问卷和观察等统计科学方法，用真实客观的数据解读城市开敞空间发展过程中使用者偏好等现实问题。我国目前的研究方法的选择、研究方法的操作与国外水平都存在着不小的差距。根据上文的文献综述不难看出，我国针对城市开敞空间的研究大多是以个案调研为依托的定性研究，对规律性、系统性、科学性的内在运作机制研究较少。虽然也会采用GIS等地理学测算软件对使用者便利度、可达性进行测算，但大多是描述性的阐述方式，并未形成明确的问题前置的思维方式和研究范式。

第四，亟待提升捕捉问题点的能力。城市开敞空间是一个复杂运行的系统，涉及多学科、多层次、多类型的现实问题。伴随着世界城市化进程的逐步推进，很长一段时间国外将持续关注控制城市绅士化、防止城郊蔓延、满足人的需求等社会性方面；而我国相当一部分城市的内部空间优化调整期还未显现，城市空间规划的重点仍会是从建设、扩张，逐步向休闲憩、娱乐体验、互动交往等多类型、成体系的城市开敞空间系统演化。在此过程中，由于城市文化背景的特殊性和居民社会文化需求的不断更新，要求城市开敞空间的建设者和规划者充分尊重当地的文化和社会需求，不断破解发展中的新问题、新挑战。

二、空间创新活力的研究综述

（一）空间创新活力相关研究的文献梳理

登录中国知网，输入主题词"空间活力"。通过检索数据库发现，自 20 世纪 80 年代至 2018 年共有 958 篇文献检索结果，其中有效文献 764 篇。1987—2004 年，关于空间活力的文献平均每年不到 1 篇。2005—2015 年，学界对于城市空间活力的关注逐步增多，实现了每年两位数的文献生产量。2016—2018 年对城市空间活力的研究热情空前高涨，三年分别出现了 138 篇、125 篇、147 篇文献。其中，硕士论文 275 篇，博士论文仅为 12 篇。由此可见，对城市空间活力的理论研究仍然存在较大的提升空间。

现有的研究议题主要集中在城市空间活力的特征及影响要素归纳、空间活力规划与设计研究、空间活力使用调查及评价研究等方面。采取的研究方法主要有基于空间句法、MATLAB 数据图形分析法、SD 法等空间数据的定量研究，以此探究物理空间与活力的耦合关系；与此同时，基于个案研究进行现存问题发掘、规划策略探讨的定性研究，也是探究城市空间活力对社会经济发展作用的理论基石。

具体来说，1987 年熊捷频[1]提出"灰空间"是协调城市空间形态和结构的中介和过渡，这是中国学者第一次聚焦城市开敞空间的不同形态，开始研究不同功能区之间的连续性空间的作用。沉寂 10 年之后，孙超法[2]认识到：基于深层结构概念理论街道空间是城市活力的重要来源。2005 年之前对于城市空间活力的探讨仅限于对实体建筑、公共绿地的形态设计，主要的研究者集中在建筑学领域。从 2006 年开始，对城市空间活力的特征、环境因素的探讨成为主流，研究视角也从实体建筑的设计转向区域的整体规划，将城市空间活力与城市安全、和谐发展相联结。自 2011 年至今，对不同空间尺度、不

---

[1] 熊捷频."灰空间"能增加建筑活力[J].华中建筑，1987（4）：30-32.
[2] 孙超法.城市活力来源——发生空间[J].岳阳大学学报，1996（1）：13-15.

同空间类型的关注逐步细化，甚至对不同地貌、不同季节的城市空间活力的提升研究均逐步深入。

（二）国内空间创新活力相关研究

国内目前关于空间创新活力的研究主要包含了空间营造、评价体系、设计策略和要素解析等几方面，研究主体主要包含城市公共空间、历史街区、城市公园、商业步行街、活力社区、城市绿地和滨水空间等。

第一，关于空间营造方面。庞智[1]详细阐述了英国空间活力营造的发展路径，提出了"小而精致的营造方法"和"渐进式的营造原则"。作者认为相对于物理空间环境的改变，专注于城市空间内涵的提升和魅力的营造，将最终实现公共利益的最大化，逐步实现城市更新的目标。李翊、傅诚[2]从环境行为学的相关理论入手，基于具体案例的分析，解释了城市公共空间活力营造应将使用者的行为和需求作为主要参照和建设目标。程晓泽[3]则从空间正义的视角提出城市开敞空间的价值取向，认为政府活力、经济活力、文化活力和社会活力共同构成了活力要素，能够为城市开敞空间营造提供支持。

第二，关于评价体系方面。汪海、蒋涤非[4]以调研走访为基础，辅以专家评分法，遴选出城市开敞空间活力的影响因子，并且从使用者感受空间活力的角度，制定出建设宜人城市开敞空间的策略。陈菲、林建群、朱逊[5]从老年人的使用感受出发，建立寒地城市开敞空间的景观活力评价指标体系，并获得了较高的信度和效度。城市大数据全面反映了居民的行为特征和时空规律，因此刘

---

[1] 庞智. 从空间改良到活力营造——英国城市更新的研究思考[J]. 上海城市规划，2016（6）：67-74.

[2] 李翊，傅诚. 环境行为学导向下的公共空间活力营造[J]. 华中建筑，2010，28（7）：70-72.

[3] 程晓泽. 空间正义视角下的城市公共空间活力要素之营建[J]. 城市建筑，2019，16（2）：194-195.

[4] 汪海，蒋涤非. 城市公共空间活力评价体系研究[J]. 铁道科学与工程学报，2012，9（1）：56-60.

[5] 陈菲，林建群，朱逊. 基于公共空间环境评价法（EAPRS）和邻里绿色空间测量工具（NGST）的寒地城市老年人对景观活力的评价[J]. 中国园林，2015，31（8）：100-104.

颂和赖思琪[1]基于大数据，建立了空间活力评价体系和定量计算方法。最终结论表明，居民参与社会活动的稳定性、多样性和聚集性是体现空间活力的三要素，并认为大数据、物理空间与空间活力评价的耦合机制是未来研究的重点。

第三，关于设计策略方面。苟爱萍、王江波[2]从城市开敞空间社会功能的角度切入，运用SD法对南京市区九条街道进行了活力评价。最终结果表明，环境舒适度、交通可达性和功能多样性是空间活力的表现形式和建设目标。张彦芝、魏薇[3]聚焦居住区公共空间的设计策略，以杭州市某社区为例，通过观察、追踪，找到了现有空间设计的制约因素。因此，作者采用STOB整体公共空间设计方法，认为诱发居民产生社会活动的因素与空间设计的因素之间存在着紧密的内在联系。丁家骏[4]通过对共享单车的流动性交互数据的分析，将上海市城市开敞空间按照活力程度分为高活力区、高量低公共性区、低量高公共性区和活力匮乏区四种类型，并探明了功能复合度、设施布局便捷程度、土地适用类型、开放程度是影响空间活力的主要因素。其中，高校、就业场所对空间活力的拉升程度较为显著。

第四，关于要素解析方面。郝新华等[5]将街道分为公共管理与服务、商业服务业设施和居住三类，并针对三种街道类型制定了指标体系。通过对北京和成都三种街道的指标体系进行活力影响要素对比，可以发现，街道自身文化属性与周边环境的配合远比机械的空间句法更能提升空间活力。因此，合理的布局和均匀的业态分布，是城市街道激发活力的手段和方法。徐婉庭等[6]学者聚焦城市绿色交通，以北京市地铁站周围的步行环境作为研究范本，

---

[1] 刘颂，赖思琪.大数据支持下的城市公共空间活力测度研究[J].风景园林，2019（5）：24-28.
[2] 苟爱萍，王江波.基于SD法的街道空间活力评价研究[J].规划师，2011，27（10）：102-106.
[3] 张彦芝，魏薇.基于市民生活的城市公共空间设计方法[J].规划师，2011，27（04）：44-51.
[4] 丁家骏.基于共享单车数量和流动性的城市空间活力研究[J].上海城市规划，2018（5）：93-99.
[5] 郝新华，龙瀛，石淼，王鹏.北京街道活力：测度、影响因素与规划设计启示[J].上海城市规划，2016（3）：37-45.
[6] 徐婉庭，马宏涛，程艺，陈知雨，胡昱坤，马爽.北京地铁站域活力影响因素探讨[J].北京规划建设，2018（3）：40-46.

研究其步行可达性所涉及的空间要素。作者建立了空间活力评价模型，并根据不同空间形态指标与模型之间的显著性，来识别空间活力的显著影响因素。研究结论发现，街道可达性、街道功能复合性、街道宽度能够显著呼应地铁行人的情绪反应，从而提升空间活力。

（三）国外空间创新活力相关研究

国外学者关于城市开敞空间活力的研究涌现出较多成熟的理论著作，如维卡斯·梅赫塔（Vikas Mehta）[1]等学者提出了街道空间活力的量化测度研究，扬·盖尔[2]、克里斯托弗·亚历山大[3]等学者则在空间交往、社会交往等方面撰写了经典论著。除此之外，国外关于城市开敞空间创新的主要研究范畴还有空间人性化设计、商业步行街活力、空间使用行为和心理感受、城市空间使用习惯等方面。现有的国外研究方法大多采用实证研究，案例大多来自英国、美国、德国和荷兰等发达国家，常用技术路线包括使用过程空间注记方法和要素因子影响力评价分析法等。美国城市设计学者维卡斯·梅赫塔（Vikas Mehta）[4]认为，街道是城市开敞空间的重要组成部分，是社会实践行为的重要载体。作者通过对人类行为和感知的系统考察，开创了关于社区商业街道的社会行为类型学，并对街道空间活力的社会维度进行了系统研究。纳西姆·艾萨扎德（Nasim Eisazadeh）和哈桑·瓦赫达尼（Hassan Vahdani）[5]认为，人的天赋和能力是社会化的直接产物，而社会活动是社会制度的产物

---

[1] MEHTA V, et al. The Street: A Quintessential Social Public Space [M]. London: Routledge, 2014.

[2] GEHL J. New City Life[M]. Copenhagen: Danish Architectural Press, 2006.

[3] ALEXANDER C, Center for Environmental Structure. A Pattern Language: Towns, Buildings, Construction [M]. New York: Oxford University Press, 1977.

[4] 维卡斯·梅赫塔. 街道：社会公共空间的典范[M]. 金琼兰, 译. 北京：电子工业出版社，2017.

[5] EISAZADEH N, VAHDANI H. The Role of Urban Spaces and Structures in Increasing the Social Vitality of Citizens with an Emphasis on Urban Design Approaches[J]. Journal of Ecophysiology and Occupational Health. 2017（17）：3-4.

和要求,因此,在城市中提供必要的社会空间是增强社会心理安全、营造社会氛围的有效方式。随后作者通过访谈、调查、观察和问卷等实地调查方法之后,建立了激活空间活力和提升空间幸福的指标。希亚瓦什·贾拉拉迪尼(Siavash Jalaladdini)和德里亚·奥克塔伊(Derya Oktay)[1]同样从社会空间分析的角度,对塞浦路斯某小镇的街道活力进行了实证分析。特里迪布·巴内尔吉(Tridib Banerjee)[2]对城市开敞空间活力建设的现状进行了批判性、解释性和反思性的工作,有效地指导未来的空间实践。

(四)我国空间创新活力相关研究的现有不足

第一,现有研究范式较为僵化。目前针对城市空间活力的研究议题主要集中在具体空间设计路径探析、空间活力要素解析及空间活力评价指标和方法三个方向。目前的研究范式主要采取以个案的具体分析为依托,进行以小见大的实证经验总结,对经验上的抽象理论研究较为薄弱。因此,现有的研究不免落入纷繁复杂的案例解析,而对现象背后的普适规律缺少关照。

第二,空间实体的物理形态设计是研究的主流,对社会空间的探讨较少。现有研究当中,古村落、时尚街区、公共艺术空间、老旧厂房和社区等是出现频次比较高的研究主体,对其研究集中在物理形态的更新和改造,力求探索空间形态美观、艺术氛围加强之后对产业结构转型、创意人才集聚起到的突出作用。然而,推进社会参与、凝聚社会精神、提高社会包容度同样也是城市开敞空间文化建设的重要目标。在当下针对城市空间活力的研究中,缺少对无形的社会空间的系统探讨。

第三,空间创新活力多从创新创业的角度切入,将文化创新视为从属地

---

[1] JALALADDINI S, OKTAY D. Urban Public Spaces and Vitality: A Socio-Spatial Analysis in the Streets of Cypriot Towns[J]. Procedia - Social and Behavioral Sciences, 2012, 35(1): 664-674.

[2] BANERJEE T. Urban Design: Critical Concepts in Urban Studies[M]. The United States: Routledge Press. 2013.

位。以"空间创新活力"为主题词在中国知网进行搜索，检索出的大部分文章将空间创新活力与空间中创新创业相混淆。空间创新活力并不等同于空间的创新活力，它代表的是文化生成方式和社会生活方式，将其等同于空间承载之上的创新创业，未免大大缩小了空间创新活力的内涵和外延。

三、文化创新动力机制的研究综述

（一）文化创新动力机制研究的文献梳理

截至 2018 年，在中国知网数据库中以"文化创新动力机制"作为主题词检索后发现，共有 12 篇期刊文献和 5 篇博硕士论文。主要的研究内容聚焦在三个议题：一是文化企业创新的动力机制，包括人力资本、科技发展、制度完善和协同发展等要素，目前有 6 篇文献、2 篇博士论文从企业文化创新动力机制的角度进行阐发，在现有研究当中占到了一半的比例；二是通过对国外案例的介绍引发创新文化动力机制的构成要素分析，并从社会学的微观层面透析文化创新的含义、特点和作用方式；三是聚焦不同的城市空间类型进行个案研究，如在社会主义新农村建设需求推动下，致力于解决农村文化动力不足的问题。由此可见，针对文化创新动力机制的研究刚刚起步，对文化作为生产力的认识尚待挖掘，对空间中文化发展的内部运作规律有待深入。

（二）国内文化创新动力机制相关研究

一是文化企业创新的动力机制，主要包括人力资本、科技发展、制度完善和协同发展等要素。周宇鹏❶亟待解决企业发展如何从文化创新建设中汲取养分的问题，认为应将现代企业的经营与创新文化有机统一，以此来提升企业的规范性、凝聚性和引导性。曹维俏❷立足生命周期理论和 CAS

---

❶ 周宇鹏. 基于企业文化创新的现代企业动力机制研究 [J]. 企业改革与管理，2018（23）：175.
❷ 曹维俏. 企业文化创新及其动力机制初探 [J]. 商场现代化，2016（8）：98-100.

(Complex Adaption System[1])理论,构建企业文化创新过程模型,找寻企业文化创新的深层次原因和动力机制的作用机理,为文化创新实践提供指导。彭杨、钱继钰[2]从制度完善的角度深入研究,认为基础创新对组织文化动力起到了极强的激发作用。李婷、禹海慧[3]基于民营文化企业与国有文化企业的差异,重点分析新媒体社交对民营企业文化建设的促进和滞碍。两人随后构建了相对完整的文化建设动力机制,并详细梳理了民营企业文化建设动力机制的特征。

二是通过对国外案例的介绍引发创新文化动力机制的构成要素分析,并从社会学的微观层面透析文化创新的含义、特点和作用方式。徐晓暖、李伟[4]以构建创新型国家为研究的出发点,对美国、德国和日本等典型的创新型国家进行深入的个案分析,认为创新文化动力机制是重要的工作内容。由此,通过对国外发展情况的提炼和总结,揭示出创新文化动力机制的六个核心要素,并深入剖析要素之间的多重互动关系。吴福平[5]从马克思主义自由观、文化观出发,构建了文化原动力模型,并试图揭示其在学习力、凝聚力、革新力和传播力中的传播路径和作用机制。研究结论丰富了中国特色社会主义先进文化理论,为文化强国建设提供了文化支持。黄意武[6]基于地域文化增强国家软实力的视角展开研究,构建了目标导向、创新驱动、传承发展、体制保障四种科学的文化发展机制,并且深入探析了发掘、培育、转化和反

---

[1] 复杂适应性系统,也称复杂性科学,是20世纪末兴起的前沿科学阵地。复杂适应系统性的表现特征为不确定性、不可预测性、非线性等。因此,对复杂适应性系统的研究将实现人类在了解自然和自身的过程中认知层面上的飞跃。

[2] 彭杨,钱继钰.基于技术创新的组织文化动力机制[J].经济论坛,2004(17):60.

[3] 李婷,禹海慧.民营企业文化动力机制的构建:基于新媒体社交的发展[J].中外企业家,2017(22):127-129.

[4] 徐晓暖,李伟.创新文化动力机制的构成要素分析[J].广州市社会主义学院学报,2012,10(2):57-59.

[5] 吴福平.文化原动力及其传导机制研究[D].杭州:浙江大学,2018.

[6] 黄意武.文化发展动力机制及运行研究[J].重庆理工大学学报(社会科学),2015,29(8):89-92.

馈等运行规律。周烨[1]则从城市文化媒介传播的视角探析文化建设的策略框架。研究将文化空间集聚效应视为内在动力、媒介传播效果视为外在动力、传播渠道和传播空间视为保障机制、空间内的文化消费视为原动力，并基于此构建了城市文化建设的"齿轮效应"。

三是聚焦不同的城市空间类型进行个案研究，如在社会主义新农村的建设需求推动下，致力于解决农村文化动力不足的问题。李长健[2]在"建设社会主义新农村"方略的领导下，将湖北作为中部崛起与新农村建设的契机，提出了湖北新农村文化动力建设的具体路径。李长健等[3]隔年发表了《和谐与发展——新农村文化动力机制构建研究》，将这一议题继续深入研究下去。郭强[4]聚焦中国篮球的发展对文化强国建设的内在推动作用，认为篮球文化发展的动力包括个体、社会和国家，动力传导包括文化、信息和利益三要素。基于此构建了满足动力主体需求、服务动力源、监控评价动力转化的复杂动力机制。肖竞、李和平[5]以我国西南山地历史城镇为研究范本，分析了文化景观视角下历史城镇空间的文化关系，构建了"西南山地历史城镇文化和景观演进的过程规律和动力机制"，并提出了创造性的保护方法。

由此可见，针对文化创新动力机制的研究刚刚起步，对文化作为生产力的认识尚待挖掘，对空间中文化发展的内部运作规律有待深入研究。

（三）国外文化创新动力机制相关研究

国外学者对文化创新动力机制的研究，呈现出研究内容广泛、研究主体

---

[1] 周烨.文化空间集群与媒介传播——城市文化建设的"齿轮效应"研究[D].杭州：浙江大学，2016.
[2] 李长健.社会主义新农村建设中的文化创新研究[J].东南学术，2006（6）.
[3] 李长健，伍文辉，涂晓菊.和谐与发展——新农村文化动力机制构建研究[J].长白学刊，2007（1）：123-127.
[4] 郭强.中国篮球文化发展的动力机制研究[D].成都：成都体育学院，2018.
[5] 肖竞，李和平.西南山地历史城镇文化景观演进过程及其动力机制研究[J].西部人居环境学刊，2015，30（3）：120-121.

微观、研究方法多样、研究结论具体等特征。研究议题涉及多元主体的文化创新,如企业文化创新、组织文化创新和博物馆文化创新等;文化意涵的创新提升,如在不同动力导向下的文化创新机制;同时,关于文化旅游过程中种族创新发展、文化心理学视角下的创新解析、文化地理视域下的文化本质等相关议题,也受到国外学者的关注。

文泰元(Taewon Moon)[1]旨在从文化治理的角度研究文化在组织架构中的创新作用,首先提出了组织文化治理理论,从微观和宏观两方面入手构建了组织文化治理模型。此模型及其作用机制阐明了组织文化治理的特征、作用和效益。帕特里夏·沃尔夫(Patricia Wolf)、斯蒂芬妮·考德拉-鲍姆(Stephanie Kaudela-Baum)和延斯·麦斯纳(Jens Meissner)[2]以瑞士中小型企业作为研究对象,力图探究文化创新在企业架构合理化、企业管理科学化中起到的作用。通过对85家瑞士中小型企业文化创新管理负责人进行半结构化访谈,作者归纳出四种不同的中小型企业文化创新动力机制,深刻认识到文化在企业创新中的作用,并为创新管理提供了框架。罗伯特·韦斯特伍德(Robert Westwood)和大卫·洛(David Low)[3]从跨文化的视角出发,旨在探讨文化与创新之间的关系。作者首先批判性地回顾了跨文化差异与文化创新之间的关系,同时探明跨文化创新与当地文化、社会结构之间的作用关系。随后作者就跨文化创新对文化风格、文化表现等方面的影响进行了探讨,并构建了创新作用机制。最终作者得出文化确实能够影响创新创造的过程,并且这一作用过程是偶然触发、要素相互交织的作用方式。卡曼·卡马雷罗

---

[1] MOON T. Organizational Cultural Intelligence: Dynamic Capability Perspective[J]. Group & Organization Management, 2010, 35(4): 456-493.

[2] WOLF P, Kaudela-Baum S, MEISSNER J. Meissner. Exploring Innovating Cultures in Small and Medium-sized Enterprises: Findings from Central Switzerland[J]. International Small Business Journal: Researching Entrepreneurship, 2012, 30(3): 242-274.

[3] WESTWOOD R, LOW D. The Multicultural Muse: Culture, Creativity and Innovation[J]. International Journal of Cross-Cultural Management, 2003, 3(2): 235-259.

（Carmen Camarero）等[1]认为，博物馆创新管理过程中选择市场导向的战略理念存在弊端，因此服务导向的工作理念更能够实现博物馆创新管理的实现。作者分析了市场导向和服务导向对组织创新、技术创新、管理创新的不同影响，并对491家英国、法国、意大利和西班牙博物馆进行了样本研究。作者最终认为以市场为导向的商业途径与以服务为导向的文化途径，两者之间需要做到协同创新以实现创新能力最大化。

综上分析，文化创新已然受到来自不同学科、不同领域学者的重视，其研究价值已不容忽视。针对不同研究主体的文化创新动力的研究，可以看出文化作为事物运行发展的推动力具有较强的辐射能力。但是，针对城市开敞空间文化创新动力机制的研究尚且鲜见，现有的动力机制模型能够为本书提供一定的理论基础。

（四）文化创新动力机制研究的现有不足

基于对动力机制的认识，本书明确了文化创新动力机制是揭示文化创新与城市社会经济发展的内在联系。研究城市开敞空间文化创新动力机制，需要解决以下三方面的问题：一是研究不同要素之间相互作用的逻辑过程；二是研究各要素之间作用关系存在的前提条件和变化趋势；三是研究城市开敞空间文化创新过程中各主要环节的联系和互动方式。文化创新动力机制关注的是系统内部和外部各种力量的相互作用的演进过程和实现方式，但是目前针对这一议题的研究鲜少聚焦在具体的动力机制模型上，因此可以从以下两方面尝试弥补不足、展望趋势。

第一，尚未有研究清晰地揭示出文化创新的一般规律，需要通过对动力机制的进一步研究找到有效途径。国内现有研究当中尚未出现成体系的研究格局，过分注重宏观和微观层面的文化创新研究，鲜少有针对中观层面文化

---

[1] CAMARERO C, et al. Fostering Innovation in Cultural Contexts: Market Orientation, Service Orientation, and Innovations in Museums[J]. Journal of Service Research, 2012, 15（1）：39-58.

创新的研究进展。比如，现有研究中更多地侧重对城市中某一具体空间形态的文化创新研究，从城市甚至是区域层面的协同研究相对较少。同时，现有的研究视角大多基于实用性，其中政府视角、企业视角和政策视角占研究综述的大半，而对文化创新的理论基础和一般规律的探讨相对较少，呈现理论基础较为薄弱、规律探讨难成体系的现状。由于聚焦文化创新要素及相互之间作用关系的研究较少，造成了探索文化创新动力系统及不同城市社会经济要素之间内在联系的议题也相对较少。因此，本书中文化创新动力机制致力于揭示不同维度下文化创新的一般规律。

第二，目前，关于文化创新动力机制的研究针对性不强，几乎没有对这一议题直接的理论呼应。绝大多数学者认可动力是导致一切事物运动与发展的根本原因，并从不同的面向对这一结论进行了论证，如组织创新动力、制度创新动力、设计创新动力均是促进事物发展的内在驱动。然而，针对文化创新动力的具体内涵、构成要素、作用类型、制约机制和保障路径等方面的讨论，并没有在理论上形成流派或是体系，大多依托具体个案分析，专题实证研究偶有涉猎，但往往是隔靴搔痒，难解理论体系之渴。因而，针对文化创新动力机制的研究，是发现文化创新现存问题、厘清文化创新发展趋势的有力工具。

第二节 相关理论的阐述

一、精明增长理论

（一）理论阐释

精明增长理论（Smart Growth Theory）是 20 世纪在美国涌现的集约式城

市空间发展策略，作为应对美国 20 世纪郊区蔓延现状的解药而逐步被业界和学界所认可。精明增长理论的核心内容包括老旧社区公共空间改造、旧城区存量用地整合再开发、基础设施与公共服务设施优化整合、老旧厂房或废弃工业用地再开发等。目前，精明增长理论已成为西方城市规划、城市管理的重要标尺，用以解决城市建设中紧凑型规划的具体问题，如整合土地资源的多元功能、提高土地资源的利用效率、划定城市功能区的边界、保护非建筑区域、改善 TOD❶ 交通模式、提升住区环境和鼓励社会交往等。

（二）理论价值

本书选择用精明增长理论进行分析，主要是从城市开敞空间高效发展的角度进行运用和解析。目前，除 20 世纪初西南大学历史地理研究所教授马强将精明增长理论引入我国，此后存在较长的研究静默期，至今关于精明增长理论的实证研究仍相对较少。国外学者安德烈斯·杜安伊（Andres Duany）、杰夫·斯佩克（Jeff Speck）和迈克·莱顿（Mike Lydon）❷ 提出了"增长优先权"（Growth Priorities）的概念，排列出八种城市开敞空间的优先增长模式：城市复兴（Urban Renaissance）、城市填充（Urban Refill）、城市延绵（Urban Stretch）、郊区再造（Suburban Reengineering）、郊区蔓延（Suburban Sprawl）、已有设施翻新优化（Facility Renovation and Optimization）、新建刚需设施（Building Amenities）、开发环境敏感地带（Develop Sensitive Areas）。毋庸置疑，在我国城市化进程快速发展的今天，我国城市开敞空间的发展应当以精明增长理论为准则，提高有限空间的文化、经济和社会效益。

---

❶ 马强. 近年来北美关于"TOD"的研究进展 [J]. 国外城市规划，2003，5（18）：45-47.
❷ DUANY A, SPECK J, LYDON M. The Smart Growth Manuals[M]. New York: McGraw Hill. 2010.

二、共生理论

(一) 理论阐释

共生理论 (Symbiosis Theory) 是 20 世纪七八十年代日本著名城市设计师、建筑师、新陈代谢派建筑思潮引领者黑川纪章 (Kisho Kurokawa)[1] 提出的关于城市协调发展的建设理念。他将日本传统文化与大乘佛教思想、西方多价哲学理论等进行辩证思考和融会贯通，形成了城市建筑学领域的"共生思想"。在此理论的影响下，日本的胶囊公寓、大阪新区规划等都是受此理论影响的杰出代表。共生理论的核心是不同事物之间、同一事物不同面向之间的和谐与平衡，如内外共生、部分与整体共生、过去与未来共生、人与自然共生、人与科技共生、感官与理性共生、经济与文化共生和群体内部共生等。

(二) 理论价值

本书借用共生理论主要分析的是城市开敞空间文化创新动力系统中各要素相互作用、共生共长和功能混合等问题。城市开敞空间的发展过程，就是空间中各种关系寻找动态平衡的过程。如何在城市开敞空间多样性扩张过程中，找到各要素平衡发展的支点就是共生理论需要解决的问题。在 20 世纪中期以前，城市开敞空间的功能分类往往基于二元论机械划定，而忽略了不同空间的社会、经济和文化背景的差异，造成了千篇一律的城市景观和假日空城、职住分离等功能性弊端。城市开敞空间的重要特征之一就是功能复合型，因此深刻领会共生理论的空间关系、时间关系和相互关系，将对建设具有生命力的城市开敞空间大有裨益。因此，共生理念在本书中极具理论魅力，值得深入借鉴学习。

---

[1] 黑川纪章. 共生的时代 [J]. 城乡建设，2004 (7): 21-22.

三、空间交往行为理论

（一）理论阐释

空间交往行为理论的代表学者是丹麦著名建筑师扬·盖尔，他将本属于环境行为学的理论运用于城市空间研究的领域。空间交往行为理论旨在研究人在城市空间中的行为特点，以及人对城市空间中不同要素的生理和心理反应。事实上，人与城市空间是双向、多维和即时触发的关系，人拥有在城市开敞空间中生产文化产品、使用文化服务的权利；同时城市开敞空间的特殊形态和多元功能，也会调整和改变人的具体需求，或影响对城市开敞空间的评价。比如，扬·盖尔的研究结果（见图2-2）表明，环境优美且设施丰富的城市开敞空间更易于触发人的社会交往行为。空间交往行为理论的研究方法主要包括对城市开敞空间的物质环境和社会活动进行仔细观察，对城市开敞空间内不同功能区的社会行为进行记录和访谈，并就空间各功能区的品质做出评价。

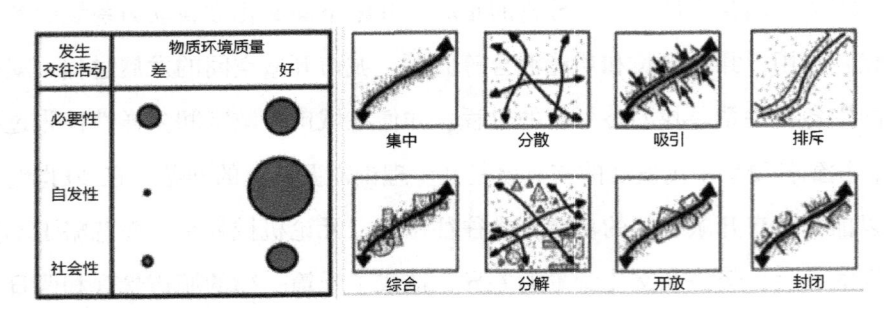

图2-2 城市开敞空间的活动行为类型

数据来源：扬·盖尔. 交往与空间[M]. 何人可, 译. 北京：中国建筑工业出版社, 2002：85-131.

（二）理论价值

本书选择空间交往行为理论，将其作为分析城市开敞空间文化创新动力要素中"行为形态"的主要依据，基于此理论来研究人的实践行为是如何影响空间品质的。本书秉持人本主义的原则，对城市开敞空间的认知行为、城市开敞空间的心理特征、城市开敞空间的交往行为、城市开敞空间的交往心理等研究议题进行深入研究。本书旨在厘清城市开敞空间中使用者的行为特征和影响要素，结合不同尺度、不同类型的城市开敞空间，以找到提升空间品质的战略方向。

四、外部性理论

（一）理论阐释

外部性理论（Externality Theory）起源于新古典经济学，本属经济学的专业术语，指的是特定经济主体对其他主体所产生的非经济计量的外部影响，在社会学、政治学甚至自然科学领域中都有较为广泛的应用。目前，外部性理论主要存在两大流派，主要的区别是引发外部性效应的主体[1]、客体[2]不同，解决的都是生产或消费主体对外部环境所造成的影响。因此，外部性理论因其广泛而深远的影响力度，成为资源有限背景下优化配置的焦点。

（二）理论价值

本书选择外部性理论作为理论依据，旨在用其来衡量空间受欢迎的程度，以此获得城市开敞空间文化创新建设的反馈。外部性是以资源配置与效用最优为目标，用以评价资源配置是否合理、效用是否达标等状况。国内外学者常常用"外部经济性"与"外部不经济性"两种情况来描述城市开敞空间具体的对外效用（见图2-3）。

---

[1] 保罗·萨缪尔森，威廉·诺德豪斯. 经济学（第18版）[M]. 萧琛，译. 北京：人民邮电出版社，2008.

[2] 阿兰·兰德尔. 资源经济学——从经济角度对自然资源和环境政策的探讨[M]. 施以正，译. 北京：商务印书馆，1989.

城市开敞空间文化创新动力机制研究

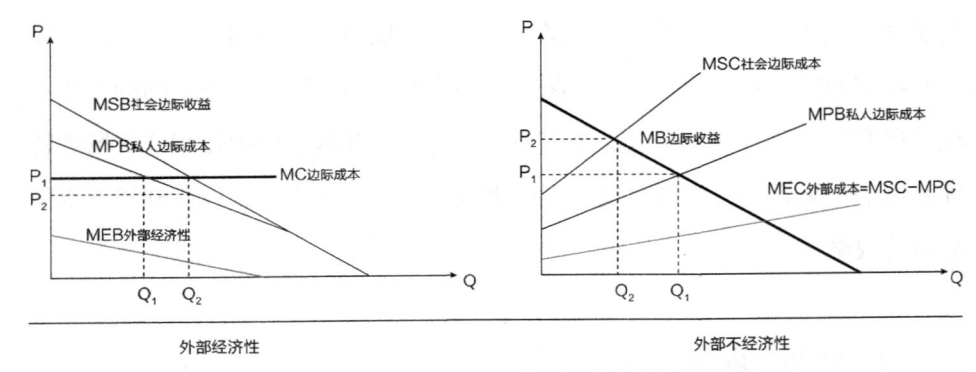

图 2-3　外部经济性与外部不经济性的数学模型

数据来源：向昀，任健．西方经济学界外部性理论研究介评[J]．经济评论，2002（3）：58-62．

外部性理论的探讨除了采用定性分析方法，还可以采用定量研究方法。针对城市开敞空间物理环境外部性的研究可以采取定量分析，之前中国台湾学者王俊秀[1]通过测算空间环境对社会关系的外部性，得到了生活品质与空间品质之间的互动关系。

五、城市多样性理论

（一）理论阐释

城市多样性理论是美国城市学者简·雅各布斯（Jane Jacobs）[2]提出的用以表征城市内部功能多样性的理论。城市多样性表现在两个方面：一是城市开敞空间类型的多样性，二是城市开敞空间中人的活动的多样性，其中后者为本理论的核心。也就是说，城市多样性理论更加关注城市空间使用者的真实感受，深切考虑不同受众群体的需求差异，重点探析使用者行为偏好的动机差异。城市多样性理论还指出，营造城市多样性需要符合四个必要条件：

---

[1] 王俊秀．环境社会学的想象[M]．台北：巨流图书公司，2001．
[2] 简·雅各布斯．美国大城市的死与生[M]．金衡山，译．南京：译林出版社，2006：131-133．

城市开敞空间的功能混合、设计适宜步行尺度的街道小径、保留不同年代的历史遗迹、控制居住人口的适宜密度。这就为城市开敞空间的物理形态营造和文化精神提升指明了方向。

（二）理论价值

本书正是在雅各布斯的引导下，认为城市开敞空间的活力主要在于其空间类型和社会活动的非标准性和多样性，自此有了本书从文化创新动力视角研究城市开敞空间的活力问题。城市多样性理论研究表明，当空间中的多样性增多时，区域内的产业结构、空间环境形态、社会交往频率都会呈现正相关式的上升。因此，本书旨在利用城市多样性理论，谋求城市开敞空间文化创新的发展和突破。利用城市多样性理论中"人的尺度"的核心理念，尽力孵化新思想、新技术和新创意，在城市开敞空间文化创新的物质空间建设和文化活动举办过程中，以人的感受作为重要的考量指标，并最终实现城市开敞空间的活化。

六、文化场景理论

（一）理论阐释

场景理论最早由美国芝加哥学派的特里·克拉克教授提出，旨在解决城市空间中审美缺失、参与感下降、包容性减退等城市问题。场景理论是在城市空间中营造一种具有"审美品位"的体验过程，同时也是促进使用者与社会经济各要素产生联结的过程。特里·克拉克教授及其团队通过对国际上几十个国家和地区长达二十余年的实证研究，构建了场景理论的语法体系（见图2-4）。其中包括合法性、戏剧性、真实性三个主维度及十五个子维度，成为兼顾本土性和普适性的创新理论分析工具。

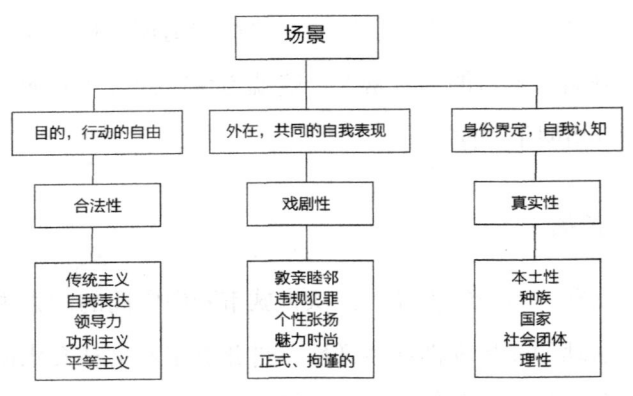

```
                         场景
        ┌─────────────────┼─────────────────┐
   目的，行动的自由    外在，共同的自我表现    身份界定，自我认知
        │                 │                 │
      合法性             戏剧性             真实性
        │                 │                 │
     传统主义           敦亲睦邻            本土性
     自我表达           违规犯罪            种族
     领导力             个性张扬            国家
     功利主义           魅力时尚            社会团体
     平等主义           正式、拘谨的         理性
```

图 2-4　场景理论的语法体系

数据来源：特里·克拉克，西尔弗·丹尼尔. 场景：空间品质如何影响社会生活 [M]. 祁述裕，吴军，刘柯瑾，译. 北京：社会科学文献出版社，2019.

（二）理论价值

本书在场景理论的构建要素之上，试图探析城市开敞空间文化创新的过程中社会价值凝聚的方法和路径。场景理论在城市开敞空间经典理论优化、城市开敞空间文化要素梳理、城市开敞空间文化动力与政治、经济、文化和社会不同要素之间的作用关系构建等方面，有着不可取代的重要作用。

城市场景理论不单单是城市空间的概念，它依托不同的城市开敞空间而被赋予了不同的文化价值意涵，而城市开敞空间的独特性又因提供文化产品和文化服务的不同而存在差异。因此，不同文化消费的组合是场景理论得以营造的根基。要想实现城市开敞空间创新的总体目标，一是通过城市场景的营造实现区域内文化基础设施的优化更新，进而带动生活方式和文化消费的转型升级；二是以构建场景为途径，推进智慧城市、宜居城市、绿色城市和文化城市的打造，最终实现城市开敞空间创新与创意阶层集聚之间的强关联性，以及城市开敞空间创新对城市整体氛围及价值观的引导。[1] 综上所述，运

---

[1] 刘柯瑾. 国外城市文化场景类型及其创建路径 [J]. 中国文化产业评论，2019，27（1）：324-338.

用场景理论这一理论研究新范式，在有机组成的城市场域内，针对具体城市开敞空间创新方式可以实现有效构建和引导。

综上所述，本书主要采用了精明增长理论以求解决城市开敞空间高效发展的问题，采用了共生理论以求解决城市开敞空间功能混合的问题，采用了空间交往行为理论旨在解决人的活动如何影响城市开敞空间品质的问题，采用了外部性理论旨在评估城市开敞空间的受欢迎程度，采用了城市多样性理论旨在强调以人为本的研究宗旨，采用了场景理论旨在解决城市开敞空间价值观凝聚的问题。

第三章 城市开敞空间形成机制探析

第一节 城市开敞空间形成机制的构建

一、城市开敞空间的形成机制

(一) 城市开敞空间的构成要素

根据前文所述,城市开敞空间不仅是一个物化的空间环境,同时也充满着使用者对空间的认识、感受和行为意志,因此城市开敞空间是使用主体积极与空间环境、社会环境产生互动的物质载体和精神载体。在此过程中,无论使用者观赏城市开敞空间景观小品、使用城市开敞空间便利设施、感受城市开敞空间精神内涵,甚至是改造城市开敞空间风格状态,都是城市开敞空间形成机制的作用机制。在此过程中,人、实践行为和物理场所构成了城市开敞空间的三要素(见图3-1)。

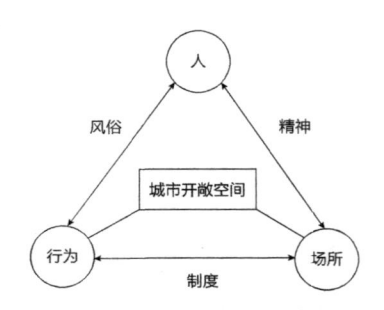

图3-1 城市开敞空间的构成要素及运行机制

数据来源:王承旭.城市文化的空间解读[J].规划师,2006(4):69-72.

1. 人

人是城市开敞空间中文化产品和文化服务的使用者和提供者，更是城市开敞空间中文化景观的组成部分。因此，不同背景、不同年龄、不同性别、不同教育水平、不同职业的人构成了城市的不同社会群体，而他们的日常生活、社会实践、交往互动构成了城市开敞空间的运行基础。因此，城市开敞空间的使用主体不仅仅是物质的人、地理的人，同时也是社会的人。换句话说，城市开敞空间的使用主体会受到空间中显性或隐性的制度、风俗和精神等文化表现形态的影响，而社会的人需要在多元价值观交织的城市开敞空间中实现价值的整合，同时推动适宜城市开敞空间发展的制度、精神、风俗的传承保护和创新发展。由此可见，人是城市开敞空间与社会产生能量和信息交换的媒介，是城市开敞空间的行为主体。

2. 实践行为

实践行为指的是城市开敞空间主体受到外部刺激影响下产生的活动，往往具有时间维度。从时间维度解析城市开敞空间的实践行为，可以清晰地看到城市文化形成与传承的连续性，以及在不同时间节点上实践行为对城市文化的作用。从认知心理学的角度分析，城市开敞空间唯有承担一些负载人类深刻记忆的实践行为，才能通过时间节点上的重大事件或特定活动增强城市开敞空间的辨识度。当下，在城市开敞空间的建设中，大多工作通过具有文化特色的历史事件或当地活动，实现文化实践行为的再现，从而丰富城市开敞空间的文化内涵。比如，城市生活中形成的日常交通习惯或者举办不同文化背景下的文旅活动，都是基于城市开敞空间的记忆节点而展开的文化营造。

3. 物理场所

如果城市开敞空间中主体实践行为的发生总是需要一定的物质载体，那么物理场所就成为城市开敞空间天然的构成要素。没有物理场所的支撑，人的实践行为将无法实现，城市文化也将没有根基。因此，对特定城市开敞空间的记忆，一定与实践行为发生的物质载体是密不可分的。凯文·林奇❶早在20世纪就意识到城市空间中物理场所的重要性，并提出了组成城市意象的五要素，即区域、边界、道路、标志物和节点。通过物质载体的构建和优化，从而实现城市文化符号的附着，而这些城市文化符号就是凯文·林奇提出的空间媒介。城市开敞空间使用者和建设者通过对文化符号的使用或感知，从而强化对城市开敞空间的归属感，这些文化符号所形成的"空间领域"，就是学者们提到的"场所"。

（二）城市开敞空间的运行机制

1. 城市开敞空间主体能够感知物理场所中蕴含的精神内涵

城市开敞空间主体是社会人、地理人和物质人的综合体，因此具有极强的主观能动性，能够积极感受空间中凝聚的精神内涵，并能够在经过自身认知加工后反馈给空间环境。正因为人不是对空间信息和能量的被动接受，才能够对空间环境进行主观创造，并在此过程中深刻认知物理场所中所蕴含的丰富精神内涵。

2. 社会实践行为在物理场所中凝聚城市开敞空间的制度规则

城市自古就有其运行的章法，城市开敞空间的建设和营造也不例外。城市开敞空间的建设一方面指的是物理空间环境形态的改变，另一方面指的是空间形态发展规则的递进。比如，在中华人民共和国成立初期，苏联的规划思路对我国的城市建设起到了主导作用，我国城市开敞空间大多采取回字形的扩张方式，这就是空间制度的表征。物理场所的营造总是要通过人类社会的实践行为才能实现，因此空间制度表征的背后是社会实践行为的理念变化。基于对城市开敞空间制度规则的历史流变解析，也是对城市开敞空间实践行为的另一种展现。

---

❶ 凯文·林奇. 城市意象[M]. 方益萍, 何晓军, 译. 北京: 华夏出版社, 2001.
《城市意象》讲述的内容有关城市的面貌，以及它的重要性和可变性。城市的景观在城市的众多角色中，同样是人们可见、可忆、可喜的源泉。赋予城市视觉形态是一种特殊而且相当新的设计问题。

3.城市开敞空间主体在社会实践过程中传承当地风俗

城市开敞空间中的社会实践过程，并非机械的物理空间状态的改变过程，而是主体认知不断深化、感受不断丰富、信念不断传承的过程。因此，城市开敞空间的主体实践过程中，蕴含着当地文化的根基和灵魂，包括当地的历史遗风、待人接物、风土人情和年节庆典等独特风俗。随着城市开敞空间中社会实践范围逐步扩大、覆盖人群逐步广泛、实践形式逐步丰富，有助于本土风俗的强化记忆和保护传承。

二、城市开敞空间的形成特点

（一）分布范围广

建设城市开敞空间的物理场所不同于建设地区性产业园区、商业中心等传统的城市空间，后者常常坐落于一定区域范围内的中心地带，并且占地面积通常较大，需要承载的商业功能是首要考量指标。而城市开敞空间的物理场所根据辐射区域的不同、功能承载的差异，能够以相对自由的尺度，散落在城市的各个角落。不同于市政项目的大拆大建，城市开敞空间的建设范围往往更为广阔、更加分散。

（二）存在形式灵活

当下城市开敞空间创新能力的衡量指标不再局限于数量或者面积等单一评价体系，没有了物理边界和空间尺度的束缚之后，促使城市开敞空间的存在形式更为灵活多样。比如，推动城市更新的老旧厂房、保护自然环境系统的亲水空间、培育艺术品位的流动教学空间等，都是城市开敞空间典型的存在形式。随着城市开敞空间的功能逐步深入社会经济生活的方方面面，形式多样的空间成为潜移默化凝聚社会价值的重要形式。

（三）功能复合性高

城市开敞空间的活力来源于空间功能的多样性和复合性。[1] 城市开敞空间受到政治资本、经济资本和社会资本、文化资本的相互作用，承担着生态保育、历史遗存保护、文化精神传承、物理场所优化和社会互动交融等复合功能，逐渐成为政绩工程、生态平衡、经济转型、市民生活与社会融合的重要手段和目标。事实上，不同功能之间并不会相互排斥，反而会相互吸引、相互促进。当城市开敞空间承载复合功能时，就会吸引更多的使用者和参与者，同时也会延长不同人群在空间中的停留时间，这就为社会交往、信息交流、价值交融提供了契机和平台。

（四）服务受众多样

城市开敞空间是一种自下而上表达自我价值追求的有效管道，具有显著的均等性和非排他性的特点。政府、企业、社会组织和当地居民都是城市开敞空间的作用主体，同时也是城市开敞空间的作用客体。因此，城市开敞空间具有极强的包容性，旨在推动不同群体之间的相互融合，提升社会包容度。在城市开敞空间搭建的多方互动平台上，能够实现不同主客体之间信息的有效沟通与互动带来的群体融合和内部和谐。

（五）文化破坏度小

城市开敞空间的建设以"不破坏城市原有文化机制"为原则，在实际建设过程中，不搞大拆大建。一方面不会生硬地割裂城市空间机理，另一方面也不会过分侵蚀原有的文化制度。城市开敞空间的建设是物理场所的延伸，同时也是文化脉络的传承与延伸。因此，与建筑物、产业园、大型文化便利设施相比，城市开敞空间介入城市机制的过程是柔性的，在与原有场域结合

---

[1] 于文波，田洪波，方舒. 都市型休闲廊道空间的"主题化"营造——以京杭大运河杭州段为例 [J]. 华中建筑，2014（5）：115-118.

的过程中能够实现文化理念、文化制度的软着陆,最大限度地保存最珍贵的社会精神和社会互动模式。

第二节 城市开敞空间形成机制的作用原理

一、城市开敞空间形成机制表层要素的作用原理

城市开敞空间的表层要素主要表现在城市开敞空间的物理场所和实践行为。一方面,城市开敞空间是在自然环境的基础上,配备了生活便利设施、城市建设基础设施、公共文化服务设施等有形附载物。因此,城市开敞空间的显性表征要素之一就是承载有形附载物的物理场所。另一方面,城市开敞空间是人类创造的或是经人类改造而成的,依托丰富的生活生产实践行为,时刻影响着环境形态。因此,以人为本的城市开敞空间形成系统不仅有物理场所条件,还加入了大量人为实践的因素,致使城市开敞空间表层要素的变化形态显得复杂多样。

(一)城市开敞空间物理场所的作用原理

1. 城市开敞空间物理场所重视生态转型

生态转型[1]是以生态学领域的基本原理为根基,强调城市开敞空间中自然景观与人造景观的和谐,注重经济发展与资源消耗的平衡,维持人类活动与生态承载的协调。城市开敞空间的作用之一是生态保育的能力,因此在物理场所建设的各个面向都应充分考虑自然生态与社会生活之间的协调和统一,

---

[1] 王立. 城市结点文化特质及其协同观[D]. 重庆:重庆大学,2006.

不走牺牲自然生态谋求经济发展的老路，深刻认识到生态环境的质量是评价城市开敞空间的重要指标之一。

城市开敞空间物理场所进行生态转型，需要从完善的自然系统和良好的人文景观两方面入手，寻求环境效益、经济效益、社会效益真正意义上的良性统一。首先，针对城市公园、绿地系统、城市广场、植被、大气环境和水文环境等城市开敞空间物理场所的组成部分，进行科学系统的生态建设。比如，绿地系统与人口密度之间的协调、环境质量与环境承载之间的协调、植被水文与环境美化之间的协调，都需要科学测算和系统布局。其次，针对城市基础设施、游乐设施、居住区绿地系统、环境景观构造物等城市开敞空间物理场所的组成部分，予以人文关怀和社会责任。比如，将政治、经济、社会及人的有序互动[1]纳入城市开敞空间物理场所的规划体系中，突出人的精神需求和自我实现在物理场所中的重要地位。

2. 城市开敞空间物理场所强调合理布局

城市开敞空间物理场所的空间布局需要科学合理，尤其是各城市功能区的连接处及功能区的内部空间，能够实现各项政治、经济、文化和社会功能的顺利开展与实施。城市开敞空间因其空间结构的独特性，物理场所合理布局[2]的表现形式也多种多样，如土地资源的合理利用、空间资源的优化配置、交通系统的便捷快速、场所间的联通畅行有序、空间的高效融合等。

城市开敞空间物理场所强调在规划设计阶段合理布局，因为其承担着审美休憩等社会功能。物理场所的合理布局不仅仅是有限的空间资源、环境资源、设施资源对城市开敞空间提出的挑战，更是城市发展与居民活动对城市开敞空间提出的要求和标准。在城市开敞空间物理场所的实际建设过程中，以空间容量和生态容量作为重要的标尺和考量，对绿地系统、文化设施、环

---

[1] 仇保兴. 面对全球化的我国城市发展战略 [J]. 城市规划, 2003（12）: 5-12.
[2] 沈月琴. 天保地区森林资源保护与经济社会协调发展的机理和模式研究 [D]. 北京: 北京林业大学, 2005.

境景观、人行步道等进行科学合理的规划。同时，也要遵循空间主体生产文化产品、提供文化服务过程中的行为特征和操作习惯，在物理场所设计和规划过程中，要充分考虑到人的需求和人的精神感受，以实现空间内部的有序协调。

3. 城市开敞空间物理场所兼具流畅设计

城市开敞空间物理场所的流畅设计指的是，空间在艺术设计领域追求的一种美的形式和美的状态。流畅[1]意味着从城市开敞空间内部到外部的和谐衔接，从私密空间到公共空间的优雅过渡，从自然环境到文化设施的自然跨越，而不同审美对象之间的衔接、过渡、跨越都是连续性的。除此之外，流畅还意味着物理场所的环境形态带给人视觉上的愉悦。[2]城市开敞空间物理场所各组成部分相互协调、各成比例，以致再增加什么或减少什么，都会造成审美的缺失和感受的缺憾。

城市开敞空间物理场所承担着激发大众审美、培育生活美学的功能，因此使用者在与物理场所进行信息、能量交换时，会对物理场所产生较为强烈的心理依赖并以此养成行为习惯。因此，针对城市开敞空间物理场所进行流畅设计，需要从环境景观和人文景观两部分入手。一方面提升环境景观的设计美学，将城市开敞空间物理场所从静止的、死板的空间形态，改造为动态的、积极的空间形态。诚如泰列尔曾说过："一系列不连续的空间形态，使住区与公共空间之间形成复杂、曲折的空间领域，从而实现公共领域人性化建设。"[3]另一方面提升人文景观的相互联动，用具有良好开放度和包容度[4]的空间打破日常生活和社会交往的封闭性，让使用者感受到安全感和领域感，从而不断确认自己在社会场域中的位置。

---

[1] 阿诺德·伯林特. 环境美学 [M]. 张敏, 周雨, 译. 长沙：湖南科学技术出版社, 2006：29.
[2] 洪亮平. 城市设计历程 [M]. 北京：中国建筑工业出版社, 2002：56.
[3] 邢海峰. 新城有机生长规划论 [M]. 北京：新华出版社, 2004：34.
[4] 王彦辉. 走向新社区：城市居住社区整体营造理论与方法 [M]. 南京：东南大学出版社, 2003：164.

4. 城市开敞空间物理场所激发和谐共生

城市开敞空间物理场所各要素之间的理想状态是和谐共生的。各要素通过相互渗透和相互勾连，构成了点、线、面的有机联系，使其形象、色彩、风格、尺度、高度、比例、层次和序列，甚至使用者置身其中的心理感受和行动轨迹，都要在协调统一中求新求变，在相互调整的过程中找到内在联系。

城市开敞空间物理场所追求容量适宜，不仅包括城市开敞空间物理场所内部各要素数量与体量的协调与适度，同时也包括城市开敞空间物理场所与周边自然环境、周围城市环境的尺度协调。在介入城市原有机制的过程中，要注意新旧空间之间的互动与调试，尽量不选择割裂式地入侵原有空间，或承载过大或过小的空间容量，以致造成空间使用和空间尺度的不和谐。

人与环境的和谐共生。城市开敞空间物理场所营造的过程中尤为注重空间中人的尺度，不仅要考虑到人的活动范围和便捷程度，更要考虑到人与空间环境感情连接的尺度。

（二）城市开敞空间实践行为的作用原理

1. 城市开敞空间实践行为传承城市记忆

从古至今，任何城市开敞空间的演变都经过漫长岁月洗礼。城市开敞空间实践行为注重的是人文内涵，因为支撑一座城市持久生命力的不仅是城市开敞空间物理场所优美的形态和合理的功能，更是城市开敞空间生产生活实践行为中所蕴含的深刻内涵。

城市开敞空间中的历史街区和历史遗址往往是存储当地几代人，甚至十几代人集体记忆的宝库，与现代城市文化往往有着极深的情感连接。这种城市开敞空间中通过社会实践所传承的历史文脉，既是古今对接，也是古往今来对人的价值的深切关注。在城市开敞空间中，不同主体的生产生活实践行为往往蕴含着居民的历史存在感和现代融合感，凝聚在生活习惯和社会关系之中，使城市记忆得以完整保存，这成为城市开敞空间实践行为能够延续的最直接动力。

2. 城市开敞空间实践行为打造生活方式

城市开敞空间中的各类实践行为，包含居民日常生产生活的诸多方面。因而，对城市开敞空间实践行为进行引导，有助于打造交融多样的生活方式。

马克思曾说："必须建立人与自然之间的良性循环，进而实现人与人之间的和谐，最终实现自然的人化和人的自然化。"❶ 这就要求城市开敞空间应当整合资源，打造尺度适宜人与人、人与自然、人与社会相互交融的日常行为空间。因为日常生活中，使用者的社会实践行为才是城市开敞空间得以持续发展的最基本动因，正是由于人与人的相互实践行为在城市开敞空间中形成持续的聚集与离散，才得以形成大大小小、形态各异、功能不同的城市开敞空间。

3. 城市开敞空间实践行为提升空间品质

建设城市开敞空间物理场所和实施城市开敞空间实践行为是相辅相成、相互影响的。城市开敞空间的创新活力不仅仅依靠物理场所中审美的享受和功能的发挥，人们在生产生活的实践过程中创造出的文化产品和文化服务往往会反过来为城市开敞空间品质提升提供新的思路和实际的指导。

凯文·林奇❷认为："一个场所是否真正属于公众的评量标准是，它向公众开放的程度和为公众提供服务的意愿。"城市开敞空间实践行为不仅仅关注城市中的某一群体或某一类精英，而应该让城市中的每一个人都能够在空间中找到合适的位置和舒服的行为方式。城市开敞空间的设计者和规划者应首先了解人的行为特征，遵循"在美好环境中过有尊严的生活"的原则，以人的行动和感受为衡量标尺，以人的普世价值观为营造准则，目标是建设出具有人类灵魂的城市开敞空间。

---

❶ 郑时龄, 薛密. 黑川纪章[M]. 北京: 中国建筑工业出版社, 1997: 1-5.
❷ 凯文·林奇，1918年出生于美国芝加哥，是美国杰出的城市规划专家。他提出的城市意象让人们认识到城市环境与人类主观感受的关系。他的理论影响了20世纪现代城市设计、城市规划、建筑、风景园林等各个学科的建设和发展。于1990年被美国规划协会授予"国家规划先驱奖"。

4.城市开敞空间实践行为凝聚人文价值

城市开敞空间人文价值指的是空间的独特气质，而城市文化及独特气质的养成，往往有赖于城市开敞空间中丰富的实践行为。空间既是物理场所的载体，更是使用者社会实践行为的载体。换句话说，人文价值是城市开敞空间的外在特殊风貌和内在独特个性，是城市开敞空间中实践行为的独特识别，更是城市居民对城市开敞空间文化价值的认可。

城市开敞空间实践行为的独特气质中凝聚了城市的人文价值，这就表明城市开敞空间的营造并没有固定的框架和不变的定律，每一个城市的开敞空间不论面积大小、设施多少、功能差异、受众多寡，都应因地制宜、因时制宜，挖掘并凝练出属于这块空间的文化意涵。城市开敞空间中实践行为的气质表征主要体现为具有较强的感染力和吸引力，能够让空间使用者、参与者深切感受到归属感和自豪感。

二、城市开敞空间形成机制深层要素的作用原理

城市开敞空间形成机制的深层要素与城市社会学、城市规划学和城市美学等学科产生紧密的交叉和联系。例如，城市社会学中的民族、人口构成、风俗、制度、法律、语言和道德等，城市美学中的城市文化、城市艺术、城市形象、城市意象等，城市规划学中的调控手段、管理模式、评价机制、决策方式等，城市经济学中的贫富差距、人口受教育水平、城市化水平、污染、拥挤等都是需要重点关照的深层要素。

城市开敞空间形成机制深层要素实际上是城市文化内化在城市开敞空间各个方面的精神文化表征。毋庸置疑，它们已成为当下影响城市社会形态和城市开敞空间有序循环发展的主要因素。

（一）纵横互补推进城市开敞空间精神文化的汇合交融

特里·伊格尔顿（Terry Eagleton）[1]曾经不止一次说过，文化是英文中最复杂的词汇之一。城市开敞空间精神文化不仅指向多元的物质世界，而且包含丰富的精神内涵，甚至代表着一种生活方式。[2]纵横互补是指在一定时空中，构成城市开敞空间精神文化的诸多要素之间的多向联系和互补关系的总称。城市开敞空间的精神形态作为典型的文化现象，内部构成要素之间必然存在着纵横互补的交融关系。

城市开敞空间的精神形态承担着有形或无形的制度要素、风俗习惯的传承和发展的职能，因此在有限空间内承载更多的精神元素并实现传承，是城市开敞空间的建设目标之一。风俗、制度等文化要素在纵横交错间的汇合交融，在互动间构成了城市开敞空间精神文化的互动网络。城市开敞空间文化各子系统通过相互联结，从而形成新的文化价值和空间意涵。随着城市开敞空间精神形态的不息变动，文化联结也随时发生着变化，这就需要建设者或规划者明晰文化发展脉络、把握文化传承规律、实现文化创新交融。

（二）整体贯通保持城市开敞空间精神文化的价值统一

整体贯通[3]是城市开敞空间精神文化形态在复杂运动中呈现的连贯统一态势，具体表现为空间形态、空间类型、空间结构和空间文化等的整体协调、相互统一。城市开敞空间是一个复杂整体，但精神文化是相对突出的。此时就要求城市开敞空间在形态、类型、结构的各个层面，体现空间精神文化的不同面向；同时，随着城市开敞空间精神文化的调整，在物理场所、行为实践等方面应做出相应的改变和更新，以保持城市开敞空间的形神统一。

---

[1] EAGLETON T. The Idea of Culture[M]. New Jersey: Wiley-Blackwell, 2000: 1.
[2] JENKS C. Culture[J]. London: Routledge, 1993: 11-12.
[3] 王春晓. 西方城市生态基础设施规划设计的理论与实践研究[D]. 北京：北京林业大学，2015.

城市开敞空间精神文化蕴含着众多文化要素，在城市开敞空间不同环节、阶段、层次和结构发展的细节中，丰富着功能属性和内在价值，并且实现着自己的内生循环。首先，发展功能上的连贯。不同层面、不同类型和不同结构的文化要素并非孤立存在，它们有序地贯穿在整个城市开敞空间精神文化的发展和营造过程中，并且借助不同的侧重点，完善着城市开敞空间的整体意涵。其次，发展时空上的连贯。在城市开敞空间精神文化发展的不同时期，其内在结构和表现形式都并非单一机械地呈现，而是以多元共存的形态不断朝着自我完善的方向发展。城市开敞空间精神文化在功能和时空上的连贯，连接了城市开敞空间的发展闭环，不断自我更新。

（三）文化传承延续城市开敞空间精神文化的脉络发展

克利福德·格尔茨（Clifford Geertz）[1]认为文化是对传递历史中意义模式（Patterns of Mearning）的载体，这就解释了精神文化能够在历史的时空维度中实现传递这一真理。城市开敞空间中的文化传递既不是精神文化随时间更迭的机械增加，也不是随空间变换的自然沉淀，而是在重大的历史活动或历史事件的触发下实现质变。因此，厘清城市开敞空间精神文化的传承脉络，就能够较为清晰地反映出城市开敞空间及其所蕴含的城市文化的发展脉络。

城市开敞空间既是城市表情，也是城市文化发展历史的刻度，承担着文化传承、构建脉络的功能。因此，对城市开敞空间精神文化在时间维度上的产生、发展、消亡的过程需要有迹可循、有物可证，这就要求城市开敞空间在不同历史时期、不同文化背景下，都要对文化更迭演进的路径进行物质上和精神上的传递。在不同发展时期、不同历史环境下，城市开敞空间精神文化的特征不尽相同，尊重历史、尊重文化，以包容的心态面对精神文化的历史流变。

---

[1] GEERTZ C. The Interpretation of Cultures: Selected Essays by Clifford Geertz[M]. New York: Basic Books, 1973: 27.

(四)文化借取加速城市开敞空间精神文化的变革进化

文化借取❶指的是通过模仿和应用,有选择地接受外部文化的行为。城市开敞空间精神文化的借取行为是有选择的,并非无差别地接受和应用。唯有与当下文化发展模式、社会发展进程相吻合的外部文化,才有可能被接纳。文化是无形的,而城市开敞空间的文化形态是有形的,甚至是有圈层的。比如,不同城市开敞空间的功能催生不同的亚文化圈层,并在有限的区域内展现出不同功能的文化设施、不同风格的景观小品、不同形态的内部格局。正是这种不同圈层的文化差异,实现了城市开敞空间精神文化的丰富和多样。

城市开敞空间精神文化的主要功能是实现当地文化的多样性。这就需要在不同区域、不同空间和不同圈层之间形成较为鲜明的文化特色。差异的存在是为了更好地识别彼此的空间文化,同时也为文化的相互交融提供了基础。城市开敞空间中不同文化圈层之间进行信息流与文化流的折叠与定型时,反映的是今时今刻居民的聚集形态、生活方式和互动模式等,是对地域文脉、生态环境、社会生活和经济格局的横截面,深刻记录和形塑着城市开敞空间精神文化的变革和进化,唯有相互交织与不断融合,才能永葆城市开敞空间精神文化常青。

第三节 城市开敞空间形成机制的作用特征

一、城市开敞空间物理场所的承载性和包容性

城市开敞空间物理场所是人文地理学的概念,不同城市开敞空间、城市开敞空间的不同功能区之间,基于主导功能、自然环境和历史环境的差异,

---

❶ 胡际权.中国新型城镇化发展研究[D].重庆:西南农业大学,2005.

所呈现出的物理场所的表征也不尽相同。城市开敞空间常常介于建筑物或功能区之间，能够在容纳周边空间环境特征的基础上，衍生出自己特殊的物理场所形态。

基于城市开敞空间物理形态和景观形态的多样性，能够为能量、物质、信息的交流提供便利。允许并鼓励城市开敞空间物理场所充分利用这种资源优势，在动力学原理的驱使下能够实现能量的积蓄。因此，作为一定范围内空间落差较大的区域，城市开敞空间物理场所的承载性和包容性尤为突出，这使之成为城市更新过程中往往优先选择的战略要地。

二、城市开敞空间实践行为的连续性和稳定性

城市开敞空间实践行为是多层次、多功能和多形态的复杂存在，其运行的实质是各主体与各要素相互作用的动态结果，在城市开敞空间中表现为"流""网""序"[1]的空间演进和拓展路径。各行为主体之间形成的相互调节、相互适应、共同作用的动态运行系统，塑造了城市开敞空间实践行为自我调节、自我进化和动态演进的行为模式。

首先，城市开敞空间实践行为中各要素的互动及单个要素的成长都依靠生态流在交换和传递过程中所产生的新陈代谢，生态流的势能越强，越能够带动城市开敞空间实践行为的发展和变革。其次，城市开敞空间实践行为是基于社会网络、经济网络和人际网络所构建起来的复杂综合体。任何一个分级网络的运转状况，都对城市开敞空间实践行为整体网络起到冲击和影响作用。最后，城市开敞空间实践行为应是一个具有自组织性的运行过程，对城市开敞空间实践行为的发生时机、发生类型和发生节奏均有内在的调节机制和运行序列，以保障城市开敞空间实践行为的稳定和持续态势。

---

[1] 郝风林. 全面建设小康社会过程中的城市文化建设 [D]. 北京：中共中央党校，2005.

三、城市开敞空间参与主体的自主性和内生性

城市开敞空间行为主体包括城市开敞空间的使用者、建设者和规划者等，应具有积极的主观能动性和文化需求持续内生性的特征。通过对城市开敞空间的积极改造和丰富体验，城市开敞空间才能逐步满足使用者的需求和期待；同时，城市开敞空间不同参与主体不断进行着自我提升，对物理场所和实践行为不断提出挑战和要求，促进城市开敞空间品质和活力的提升。因此，城市开敞空间参与主体的自我完善，具有物质和精神两部分的生存价值组成，实现两方的和谐递进就是城市开敞空间品质提升的前进方向。

四、城市开敞空间精神文化的跨越性和循环性

城市开敞空间精神文化并非处在真空当中，而是与社会经济发展各要素紧密相连，这就决定了其具有跨越性和循环性的特征。在城市开敞空间精神文化发展过程中，在不同的地域情况、文化背景作用下，跨域式[1]的空间发展、文化积淀也并非不可取。比如，大众流行文化在世界范围内的兴起、社会凝聚力短期内的浮动、信息流通信流的巨大变革、传统文脉的突然断裂、个人主义的觉醒等不同的发展状况，都有可能造成城市开敞空间文化发展的跨越式迈进或后退。在空间文化面临短期内跨越式发展的过程中，城市开敞空间精神文化形态要突破以往固守的思维模式和逻辑习惯，重新审视特定空间在时间维度和空间维度上的文化连接，重新构建切实可行又符合现状的运行框架。在面对城市开敞空间文化创新的目标重构状况时，不必惊慌，要对城市开敞空间文化发展的自运转模式、参与主体的自适应模式及空间文化资源的相互融合能力有信心，让城市开敞空间实现文化创新阶段新的循环模式。

---

[1] JAMESON F. The Cultural Turn: Selected Writings on the Postmodern, 1983-1998[M]. New York: Verso, 1998: 3.

第四章 城市开敞空间文化创新动力系统构建

第一节 城市开敞空间发展动力类型梳理

一、国外城市开敞空间动力类型梳理

根据史料记载，起源于西方发达国家的城市美化运动，是世界上针对城市开敞空间的首次建设和规划运动。在此之前，古希腊的竞技场、古罗马的斗兽场、中世纪的教堂广场、军权统治时期的武器广场等，都是以神权、王权为城市开敞空间建设的主要动力。近150年以来，城市开敞空间建设的主要目的以改善城市自然环境、提升空间品质、改善生活空间、满足人民需求为主。不同的城市开敞空间因发展动力，在历史长河中展现出不同的发展形态和功能动机，城市开敞空间发展动力具体类型的演变历程如下所述。

（一）生活功能主导型

生活功能主导型动力指的是，城市开敞空间的建设主要以居民的基本需求和生活需求为依托，动力主体主要由管理者和居民组成，动力作用较为单一，作用效果以空间形态改变和空间功能增加为主要表现形式。

以满足生活动能为主要需求的城市开敞空间具有较为久远的历史，早在

西方古代文明[1]中可追溯到其存在的证据。其中，以古希腊和古罗马的城市开敞空间为代表。古希腊时期，受到当时自然环境和技术水平的限制，人们和族群之间选择聚居的生活模式。人们选择在依山傍水处的空置高地居住，呈现中空环状分布，以便于观察不同角度外部环境的动向。以雅典卫城为例，居住区之间彼此分散又自成体系，中空的留白形成了生产生活、宗教祭祀、参政议政、贸易交流的天然场地。在这一时期，城市开敞空间的存在解决了人们日常生活中的实际困难，为精神生活的建设提供了便利，生活功能无疑成为空间功能拓展的主要动力。

古罗马时期，宗教哲学主导动力的作用有所减弱，人们较之前更加注重物质享受和生活便捷。以古罗马共和时期之前大量涌现的公共浴场为例，彼时露天开放的大型浴场往往坐落在城市中心的武器广场附近，成为居民日常的生活必需场所。这一时期的城市开敞空间极大地满足了居民的日常生活需求和社会交往需求，对现实享乐的需求成为城市开敞空间扩张的主要动力。

（二）政治功能优先型

政治功能优先型动力指的是城市开敞空间的建设主要服务于统治阶级的权威或政治目标，动力主体主要由政府或权力阶层组成，动力作用主要集中于政权的维护、环境的治理和结构的调整等方面，作用效果以文化设施的完善、空间数量的增加、空间形态的美化为主要表现形式。城市开敞空间在很长一段时间是维护统治、凸显地位的工具和象征。服务政治功能的城市开敞空间建设动力大致可以分为两种类型：一种是满足统治者私欲的城市开敞空间发展动力；另一种是以服务广大居民为政治导向的城市开敞空间发展动力。

在西方中世纪前后，城市开敞空间的建设和发展完全受制于政治皇权，具有建设尺度巨大、耗资惊人和排他性等显著特征。统治者的私欲在这一时

---

[1] 齐爱国.人文生态的理想[D].北京：中央美术学院，2005.

期不断膨胀，大肆挥霍着掠夺而来的财富，出现了大量武器广场、斗兽场，享受神权带来的感官享受和政治优越。中世纪后期，军权开始膨胀，城市开敞空间成为自上而下展示权力的工具和手段。过于平直凌厉的线条打破了原有居民日常生活的行为轨迹，大型议政厅、大型议政广场以规则的几何形态，挤占着居民的生活空间和休闲空间。

直到150多年前，随着世界上第一个现代意义的城市开敞空间——纽约中央公园的落成，原来为统治者服务的对象转为广大民众。芝加哥于1893年世博会后进行了系统的城市美化运动，欧洲各国政府也纷纷掀起了建设城市开敞空间的浪潮。自此，正式开启依靠政治意识改善城市运行机能和人们生活方式的篇章。随着城市开敞空间系统的逐步完善，以政治功能为主导的空间建设逐渐成为约定俗成的建设方式。

（三）经济利益追逐型

经济利益追逐型指的是，城市开敞空间逐步成为城市商业空间的拓展和延伸，建设的主要目的是在有限的空间内实现经济利润的最大化。这一类型的动力主体以企业为代表，在经济利益的驱使下对城市开敞空间进行产品和服务的开发。

随着市场经济的逐步繁荣，企业作为城市开敞空间的动力主体之一，其重要性逐步凸显。特别是工业革命之后，资本家为了追求更多的利润，对生产方式进行了变革。这一时期的城市开敞空间建设也深受其影响，以市场为导向、以追求经济效益作为空间建设的主要目标和推动力。一时间，城市开敞空间的建设呈现蓬勃之势，从空间数量、空间类型、空间形态、空间设计和空间功能等方面均取得了突破性的进展。

然而，此时的城市开敞空间更注重对商业的吸引力，空间尺度设计和空间功能布局主要从经济利益的角度考虑，而非将满足普通大众的物质需求和精神需求作为主要驱动力，因而往往忽略了使用者的心理感受和实际需求。正是基于城市开敞空间与当地居民之间逐渐累积的社会矛盾，最终导致了城市环境恶化和城郊绅士化的现象。英国社会学家埃比尼泽·霍华德（Ebenezer Howard）❶曾试图运用"田园城市"理论破解这一难题，但是在强大的经济利益驱使下，作用甚微。

（四）社会参与引导型

社会参与引导型指的是城市开敞空间以社会组织、居民和政府为动力主体，以社会参与推动社会融合、信息流动助推人际互动为主要建设目标，达到城市开敞空间氛围包容、参与主体自我实现的动力效果。

社会参与引导城市开敞空间建设指的是在有限的空间环境中，通过设施的建设、功能的复合、氛围的营造、需求的挖掘，实现广大民众在城市开敞空间中休闲休憩、进行社会交往的意愿的过程。鼓励居民社会参与的空间建设原则受到了学界和业界在理论上的重视。比如，早在1933年CIAM❷的第四次会议上，在纲领性文件《雅典宪章》中已明确规定了。不仅如此，在业界这一理念也受到了推崇，如勒·柯布西耶（Le Corbusier）❸等现代主义建筑师提出要建设满足居民功能需求的城市开敞空间，这是对城市开敞空间建设的现代主义思考。

在城市开敞空间社会功能建设的实践领域，不同阶层、不同群体的民众开始对自己的社会权利提出要求和维护。特别是20世纪70年代以来，社会参与的浪潮在城市规划和城市建设领域声势浩大，尤以简·雅各布斯在《美

---

❶ 埃比尼泽·霍华德.明日的田园城市[M].金经元，译.北京：商务印刷馆，2010：89-109.

❷ CIAM指的是国际现代派建筑师的国际组织。1928年在瑞士成立，发起人包括法国建筑师勒·柯布西耶、德国建筑师瓦尔特·格罗皮乌斯（Walter Gropius）和建筑评论家希格弗莱德·吉迪恩（Sigfried Giedion）等在瑞士拉萨拉兹建立了由8个国家24人组成的国际现代建筑协会。

❸ 勒·柯布西耶，20世纪著名的建筑师、城市规划家和作家。他是现代建筑运动的激进分子和主将，是现代主义建筑的主要倡导者，机器美学的重要奠基人，被称为"现代建筑的旗手"，是功能主义建筑的泰斗，被称为"功能主义之父"。他和瓦尔特·格罗皮乌斯、路德维希·密斯·凡·德·罗（Ludwig Mies van der Rohe）、弗兰克·赖特（Frank Lloyd Wright）并称为"现代建筑派或国际形式建筑派的主要代表"。

国大城市的死与生》一书中的论述振聋发聩。自此，凯文·林奇[1]和克里斯蒂安·诺伯格－舒尔茨（Christian Norbery-Schulz）[2]等学者从使用者的心理感受和社会需求角度出发，探索城市开敞空间建设中应承担的社会功能。城市中自由表达、相互交往的自由空间成为城市开敞空间的建设重点之一，如美国纪念"9·11"事件而建设的归零地，在世贸大厦事发地附近的广场上建设了供市民缅怀先烈、举办纪念活动的场所，极大地凝聚了该国国民的爱国热情和社会责任。

二、我国城市开敞空间动力类型梳理

我国城市开敞空间的雏形出现于距今6000年前的仰韶文化时期，其建设动力存在无序性和偶然性。以中国祖先半坡村某氏族聚落为例，其房屋环绕的中心环状空地作为节日庆祝、生产活动、氏族会议和宗教祭祀等的重要载体，这便是我国最早的人类社会所形成的城市开敞空间[3]的缩影。如表4-1所示，梳理了我国城市开敞空间的历史演变过程，为理解我国城市开敞空间发展动力的类型提供了实证依据。

---

[1] 凯文·林奇（1918—1984年）曾在耶鲁大学师从一代建筑宗师弗兰克·赖特（Frank Wright），并最终成为麻省理工学院（MIT）的规划教授。他任教于麻省理工学院建筑学院30年之久，帮助建立了城市规划系，并将之发展成为世界上最著名的建筑学院之一。在20世纪的美国，他被称为杰出的人本主义城市规划理论家。他的理论开拓了研究城市设计理论的一块新天地，影响了现代城市设计、城市规划、建筑和风景园林等各个学科的建设和发展，于1990年被美国规划协会授予"国家规划先驱奖"。

[2] 克里斯蒂安·诺伯格－舒尔茨1926年出生于挪威，1949年毕业于瑞士苏黎世高等理工大学，毕业后在挪威军队中服役一年，1963年获得了挪威特隆德海姆技术大学的博士学位，同一年出版了他的第一部建筑理论著作《建筑意向》，1966年他被晋升为教授。1978年，他成为奥斯陆大学建筑学院院长。诺伯格－舒尔茨认为，空间图式有各种类型，即使是同一个人，一般也有一个以上的图式，因此可以充分感觉各种状况。图式是由文化决定的，要求对环境感性地定位，结果即具有质的特性。实用空间把人统一在自然有机环境中；知觉空间对人的同一性来说是必不可少的；存在空间把人类归属于整个社会文化；认识空间意味着人对空间进行思考；理论空间则是提供描述其他各种空间的工具。

[3] 梁志伟．城市绿色开敞空间保护与利用研究——以广州市海珠区果蔬保护区为例[D]．广州：中山大学，2004．

表 4-1 我国城市开敞空间的历史演变梳理

时期	空间形态	空间主体	空间功能	空间特征	建设目的
原始社会时期	临河高地、居住区内部、空旷空地	所有居民	宗教祭祀、氏族会议、节庆活动	空旷、大型、无遮挡、无设施	满足大型活动所需的物理场地
奴隶制社会时期	市井街道、私家园林、皇家园林	普通百姓使用市集、达官显贵拥有私家园林、皇家贵胄使用皇家园林	满足大众日常生活的需要，满足少数人休憩娱乐及审美的需要	以大型绿地空间为主、小型街道市集和广场市集为辅	活跃市场经济；美化城市；休闲娱乐；皇权控制
封建半封建社会时期	皇家园林、租界（教堂、广场、公园）	贵族；上层阶级；精英阶级	满足少数人休闲休憩为主；部分考虑民众的生活所需	大型空间为主、小型空间为辅；可达性有所提升；使用成本较高	主要维护少数人的利益；兼有一部分社会公共职能
工业时代（社会经济繁荣）	游乐空间；街心公园；商场；滨水空间；步行街	精英阶层；普通民众	娱乐消费；审美提升；休闲休憩	小型空间成长较快；宜人性显著提升；公共性和功能性具有部分排他性	满足小部分经济水平较好的居民休闲娱乐；承担公共活动职能
信息时代（交往方式变革）	公园、广场、滨水区、绿地、街道、社区、天际线；创意市集	政府；社会组织；企业；居民	公共活动；娱乐消费；休憩观赏	大型空间、小型空间相辅相成、相互串联；公平性；非封闭性；非排他性；多样性	改善城市环境；优化空间结构；促进消费升级

续表

时期	空间形态	空间主体	空间功能	空间特征	建设目的
智慧城市（生活方式变革）	交通枢纽；科技交互	多元建设与参与主体	公共活动；娱乐消费；休憩观赏；虚拟交互	小型空间应成为主要的空间单元；普适性；包容性	社会结构优化；促进社会融合；个人实现

对我国不同时期城市开敞空间历史演变的梳理，揭示出我国城市开敞空间的发展动力主要经过了四个阶段：其一，城市开敞空间以改善城市环境问题、优化城市空间结构为主要目的，以实现社会功能为主导；其二，城市开敞空间以配合经济增长速度、拓展消费娱乐空间为主要目的，以追随资本扩张为主导；其三，城市开敞空间以满足少数群体的需求、打造高端文化休闲娱乐空间为主要目的，以迎合精英阶层为主导；其四，城市开敞空间以建设城市主体创新素质、优化社会结构、提升居民社会融合为主要目的，塑造居民价值观为主导。基于对我国城市开敞空间不同阶段发展态势的梳理，提炼出城市开敞空间发展动力的四种类型。

（一）政治功能优先型

政治功能优先型指的是，城市开敞空间秉承"推崇王权"的建设思想，空间发展的主要动力是政治统治的力量。这种类型的城市开敞空间的发展目标是以征服自然、战胜自然、享受特权等政治功能为主。这种类型的城市开敞空间具有较强的排他性，动力效能并未对社会公众起作用。最典型的开敞空间代表是古代城郭、皇家园林和近代租界等。

周代时期，我国古代城市规划思想基本形成，各种有关城市开敞空间建设的思想也层出不穷。根据《周礼·考工记》[1]的记载，那时已经有了较为详

---

[1] 《周礼·考工记》是中国战国时期记述官营手工业各工种规范和制造工艺的文献。《周礼·考工记》中《匠人》一节记载了王城的规则制度，这个制度正是西周开国之初，以周公营洛为代表的第一次都邑建设高潮而制定的营国制度。

细的关于城市开敞空间分布格局的记载，形成了以王宫为中心的城市开敞空间分布形态。政治导向的建设思路延续到战国时期和封建时期，大小套城的分布格局严重限制了公众使用城市开敞空间的权利。直至半殖民地时期，天津、上海和汉口等城市中的租界地区❶形成了天然的屏障，排斥广大底层劳动人民使用城市花园、城市广场，甚至城市街道等开敞空间类型。因此，政治优先原则在城市街道建设中体现得淋漓尽致。

除了统治阶级使用政治权力建造了城市开敞空间，达官显贵阶层也利用权力之便推动了民间城市开敞空间的发展。以城市园林、城市绿地为例，我国最早的城市绿地空间是寺庙园林形式，仅供皇家祭祀和少数人享用。从明朝中期开始，城市中大部分绿地为士大夫及其家眷所有，并没有对外开放。❷我国真正意义上的第一个城市绿地空间要追溯到白居易任杭州刺史时建造的西湖景观。❸正是基于达官显贵及其宗亲对征服自然、战胜自然的推崇，在城市开敞空间的建设中受"天人合一"思想的影响最为深远。将自然之美引入城市空间建设的整体格局中，把自然空间与社会空间融合起来，重视城市开敞空间中对审美的培育和自然环境中休憩功能的完善。

（二）资本扩张主导型

资本扩张主导型指的是，城市开敞空间以经济效益提升、资本扩张加快为主要的建设目标，以市场上最活跃的经济因子——企业作为动力主体。这种类型的城市开敞空间发展动力把空间到访频率、空间经济收益作为主要的动力效果的评量指标。

中华人民共和国成立后，城市开敞空间总体发展迅速，在公共绿地面积、

---

❶ 冯维波. 城市游憩空间分析与整合 [M]. 北京：科学出版社，2009：23.
❷ 李嘉乐. 现代风景园林学的内容及其形成过程 [J]. 中国园林，2002.
❸ 郭风平，方建斌. 中外园林史 [M]. 北京：中国建材工业出版社，2005.

人均公共绿地面积和公园个数、公园利用频率等指标上都有所提高。❶ 这一时期政治、文化、经济领域的意识形态属性较强，城市开敞空间更多地在社会融合及非正式交往方面拓宽了原有的城市空间尺度。

改革开放带来了繁荣的市场经济，使旧式的休闲开敞空间被商场、游乐场、公园和滨水空间等更符合市民需求的休闲空间所取代。自从20世纪80年代初南京大学杨戊教授首次提出开敞空间的概念，我国现代意义的城市开敞空间正式出现。但是，此时的中国在数千年小农经济思想的束缚下，仍然存在着较为明显的"城市人口越少越好，城市用地越少越好"的政策倾向。根据《国家的科技政策蓝皮书》的统计，在20世纪80年代中期，我国人均生活居住用地❷低至15平方米。由此可见，当时我国的城市系统功能和规模效应受损严重。直到1992年我国进入城市化快速发展阶段，全国范围内街心公园、市民广场、商业步行街、社区健身区域如雨后春笋般在城市空间中出现。但这些城市开敞空间往往只会出现在经济发展水平较高的大城市及商业设施完善度较好的社区当中。因此，这一时期的城市开敞空间更多地服务资本和精英阶层，以提升经济效益为主要目标，同时兼顾城市空间中的部分宜人性和功能性。

（三）社会参与主导型

社会参与主导型指的是，城市开敞空间以大众参与的广泛性、空间形态的宜人性、物理场所的可达性等作为空间发展的目标。主要动力主体呈现多元化趋势，其中，政府、企业、社会组织和居民等均成为城市开敞空间发展的重要组成部分。社会参与主导型城市开敞空间动力类型将社会效益、公共文化服务效能作为较为重要的衡量指标。

截至2018年11月，我国城市化率达到56.53%，在此前的十余年间，城

---

❶ 胡耽. 天津城市绿地历史动态的生态分析[M]. 北京：科技出版社，1999.
❷ 生活居住用地包括住房、道路、广场、绿地、公共服务设施等。

市开敞空间的特征和职能发生了较大的改变,之前对开敞空间的建设大多带有功利性、非公开性和排斥性[1];之后对开敞空间的建设更加注重公共服务的公平性、大众参与的广泛性、娱乐活动的创新性、空间环境的宜人性、区域位置的可达性、交往互动的便利性等方面。城市开敞空间的新形式不断涌现,以工厂游览区为代表的新产业空间、以天台绿地空间为代表的新商务空间、以大学博物馆为代表的新科教空间、以社区文化综合体为代表的新社区营造空间、以创意集市为代表的新消费空间、以河滨天际线为代表的新生态保护空间、以艺术地铁站为代表的新交通枢纽空间等城市开敞空间类型,成为当下空间拓展的新趋势、新方向。城市开敞空间的定义也在实践中进一步得到充实,凡是具有政府、企业、社会组织和居民等丰富的空间主体,都有一定的物理尺度边界,为大多数公众提供服务,具有一定的公共服务设施,能够提供展示、休憩和娱乐的空间,都可成为城市开敞空间。此处的开敞一方面指物理空间的非封闭性、非排他性,另一方面指空间对大多数公众的普适性和包容性。

(四)城市开敞空间文化动力主导趋势

根据前文对城市开敞空间发展动力类型的梳理,可以清晰地看到城市开敞空间发展动力是一个复杂的科学系统。经过历史的实践检验,城市开敞空间发展动力主要包括政治力、经济力和社会力等。动力系统是一个复杂系统,是所有动力的合力,并非某一种动力类型的单独作用。在针对某一特定城市开敞空间的具体建设过程中,其中某一种或某几种动力便会起到主导作用。

从历史经验中可以看出,当城市开敞空间发展的主导动力是政治力时,城市空间机理往往存在被生硬破坏的危险,而且排他性的特征会尤为明显;当城市开敞空间发展的主导动力是经济力时,城市的文化记忆和文化基因有

---

[1] 苏伟忠. 城市开放空间的理论分析与空间组织研究 [D]. 郑州:河南大学,2002.

被割裂和遗忘的风险；当城市开敞空间发展的主导动力是社会力时，社会参与的积极性和组织制度的规范性都有所提升，但是缺乏了文化元素的滋养，社会交往空间往往呈现单调和空虚的特征。而文化力因其均等性、传承性、包容性，弥补了政治力、经济力和社会力所不可及之处，成为城市开敞空间贯穿始终的主要动力，其重要性也将逐渐凸显。下一节将重点探讨城市开敞空间中文化力作为主导动力的理论依据和未来发展趋势。

第二节 城市开敞空间文化动力的主导趋势

美国城市规划学家伊利尔·沙里宁（Eliel Saarinen）曾经说过："让我看看你的城市，就可以告诉你这个城市的居民在文化上的追求是什么。"[1] 可见，文化是通过城市开敞空间的形象展现出来的。

一、城市开敞空间文化驱动原理

（一）文化建立城市开敞空间的制度规范

文化是城市开敞空间发展的重要富矿，它承载着城市发展中的灿烂文明，是城市开敞空间建设的精神支柱。城市开敞空间的建设和发展不是无序和偶然的，而是需要不同层面的制度规范，如政府层面的规划设计、社会层面的风俗传承、企业层面的组织形式等。因此，文化作为一种重要的生产力要素[2]，不仅提供城市开敞空间的建设内容，而且在深层次的制度建设中予以规范和指引。

在过去关于城市开敞空间文化动力的探讨中，对文化的认识过于狭隘，

---

[1] 张明宇. 环境艺术的缘起及创作特征 [J]. 建筑师，1994（8）：22.
[2] 刘诗白. 论现代文化生产 [J]. 经济学家，2005（1）：4-16.

本书将其置于更宏观的社会科学背景下，从不同面向强调文化强大的驱动力。首先，城市开敞空间的组织形式需要适应新型城镇化的建设速度，这就需要从组织结构学的角度优化组织结构、建设组织文化、提升组织凝聚力。其次，城市开敞空间的运营模式亟待转型，应采用新型的数字化运营手段，通过数字文化的传播力度，实现城市开敞空间的品牌建设。最后，城市开敞空间承担着当地文化保育、民间风俗传承的责任。文化是风土民情的根基，同时也是其最好的保障手段。因此，城市开敞空间有了文化内驱力的推动后，将呈现出更大的影响力。

（二）文化激发城市开敞空间的经济行为

随着文化经济学研究的逐步深入，城市开敞空间生产力逐步由物质要素过渡到文化要素。也就是说，文化生产力逐渐成为城市开敞空间中政治发展、经济发展、社会发展的重要支撑，文化无疑成为一种重要的生产力要素。文化对城市开敞空间中个人、企业和社会组织的经济实践行为，起到了强大的推动作用。

首先，企业作为城市开敞空间的动力主体之一，根据使用者和消费者的需求提供文化产品和文化服务。在生产行为的开展过程中，蕴含当地文化的精髓、符合广大居民的精神需求、找到社会效益与经济效益的平衡点，都是文化作为驱动力对企业实践行为提出的要求和标准。

其次，个人作为城市开敞空间中体量最庞大的使用者，对城市开敞空间进行着生产和改造，并对其产生的精神意涵进行反馈和再造。一方面，文化可以培育消费习惯；另一方面，文化能够创造新的消费增长点。[1]

最后，社会组织是城市开敞空间中重要的调节和保障，是实现社会协同的重要动力主体。触发社会行为和社会交往是文化对城市开敞空间建设提出

---

[1] 吴宏放，赵文广. 发展城市文化的战略意义 [J]. 中共四川省委省级机关党校学报，2003（2）：91-93.

的要求，在此过程中社会组织起到了重要的协调作用。[1]一方面，通过文化教育对公众参与社会交往[2]进行理论灌输；另一方面，通过文化活动将社会组织逐步呈现在公众视野内。

（三）文化提升城市开敞空间的精神意涵

城市开敞空间本身凝聚着精神意涵，并能够通过文化产品和文化服务将精神意涵向外传递。城市开敞空间所凝聚的精神文化，并不是凭空出现或是突然迸发的，而是凝聚在广泛而具体的社会实践行为之中。文化对城市开敞空间的提升作用主要表现：文化提升空间的艺术审美品位、文化运用科学系统推动精神进步、文化约束道德伦理实现空间的有序发展等。

首先，城市开敞空间的艺术品位根据发展背景和发展基础的不同，或由于建设者和设计者专业水平的限制而存在差异。若想提升城市开敞空间物理场所的审美品位，文化赋能[3]是必由之路。除了在城市开敞空间加载艺术元素，以实现环境景观的宜人美观，对广大民众进行艺术美育或技法培训，增强城市开敞空间中文化艺术实践行为的频次和深度，激发广大使用者改造空间、优化空间的动力。

其次，在数字文化产业蓬勃发展的今天，城市开敞空间发展需要科技赋能。科学知识是文化的重要组成部分，对城市开敞空间的发展逐渐起到越来越重要推动的作用。AR技术、全息技术等数字化技术手段运用在城市开敞空间，将产生几何倍增的使用者和访问量，对城市开敞空间文化品牌的打造、城市文化故事的传播都是必要的手段，最终将丰富城市开敞空间的文化内涵。

最后，城市开敞空间不是物理空间上的孤岛，而是存在于信息相互作用的社会场域之中，因此城市开敞空间中蕴含着丰富的道德规范和伦理约束。

---

[1] 赵力平.文化产业特点、功能[J].中共杭州市委党校学报，2004（4）：20-24.
[2] 吴锡标.城市文化与城市化的互动性[J].探索与争鸣，2005（5）：39-41.
[3] 李玉红.城市化与文化产业协调发展的机制与政策[J].开放导报，2012（1）：41-44.

也正因有着道德伦理的规制❶，城市开敞空间的发展和建设才不会走向偏离社会主义道德观的道路。道德伦理是社会主义精神文明的重要组成部分，为城市开敞空间的有序平稳建设提供了强大的精神支撑。

二、城市开敞空间文化动力的要素分析

根据文化层次结构理论中的四层次论，本书所提及的城市开敞空间文化动力要素，主要包含物质形态、行为形态、制度形态和精神形态四种。如图4-1所示，每一种文化动力形态又分为三个子要素，彼此之间相互作用、相互融合，共同推动城市开敞空间文化创新动力的发展。

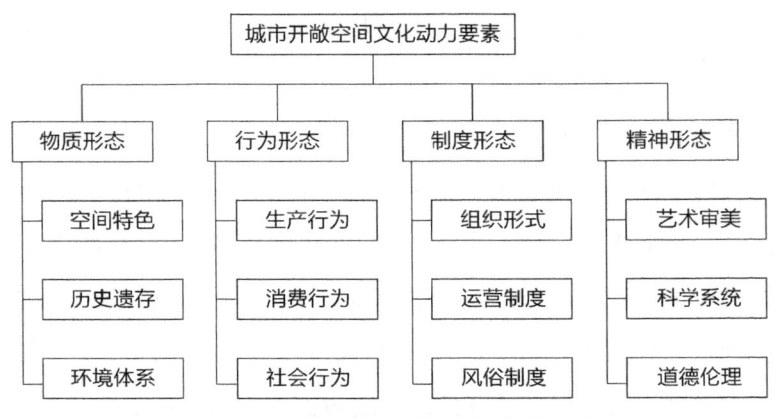

图4-1 城市开敞空间文化动力的构成

数据来源：根据法国社会学家皮埃尔·布尔迪厄（Pierre Bourdieu）的著作《实践理论概要》《社会科学的研究行为》《实践的逻辑》改绘。

（一）物质形态

在历史长河中逐渐形成的城市开敞空间物质形态，是民族文化和集体记

---

❶ 吴宏放，赵文广.发展城市文化的战略意义[J].中共四川省委省级机关党校学报，2003（2）：91-93.

忆的空间载体。城市开敞空间物质形态主要包括城市开敞空间中的建筑特色、有形或无形的历史文化遗产留存、自然环境体系。

1. 空间特色

空间特色往往是当地文化在空间上的反映，两者密不可分。国家最高科技奖获得者吴良镛院士❶指出："特色是地域的分野、生活的反映、文化的积淀、历史的构成和民族的凝结，特色是一定时间地点条件下典型事物最集中、最独特的表现，因此它能引起人们心灵的共鸣、难忘的感受和陶醉的感情。"建筑实体等物理场所是凝固的历史，是空间特色最直接的空间显现。意大利建筑师阿尔多·罗西（Aldo Rossi）❷提出，城市开敞空间的空间特色由两种元素构成：一是由建筑物形成的街道、广场、公园和绿地等；二是由大型建筑物或地标性景观。两者带给每个城市开敞空间独特的个体，体现城市的文化记忆。

2. 历史遗存

城市开敞空间是在城市的历史演进过程中形成的，本身就是一种历史的存在。因此，历史遗存作为城市开敞空间的文化元素主要包括两方面的含义：一是保持历史遗产在城市开敞空间中的连续性，不被城市开敞空间或是文化便利设施的生硬介入而破坏原有的历史机制；二是保护历史遗产在城市开敞空间中的完整性，采取保护性开发的策略将老旧厂房等历史遗存纳入城市开敞空间的建设体系中，在保持其完整性的前提下赋予新时代的文化意涵。

3. 环境体系

城市开敞空间环境形态主要由自然环境体系和社会环境体系两部分构成。首先，需要有良好自然景观的空间环境，并由此塑造良好的生产生活环境，包括由阳光、绿树、植被、花草、水、空气、道路、公园、绿地、广场、居

---

❶ 柯长坤. 创造有个性魅力的城市空间——汕头城市特色的几点思考 [J]. 建筑学报，1997（8）：21-23.

❷ 朱锴. 类型学与阿尔多·罗西 [J]. 建筑学报，1992（5）：32-38.

住区空地和游乐设施等空间构造物与景观构造物组成的城市开敞空间自然环境系统。只有环境清新优美、生态良性循环，人们才能拥有健康舒适的生活环境。其次，在理论研究和实践过程中也应将政治、经济、社会及人的有序互动纳入城市开敞空间社会环境体系。适中的人口密度、完善的基础设施、资源的均等化利用和有序的更新协调、人与自然的协调发展，是城市开敞社会环境体系的主要表现。

（二）行为形态

行为形态主要包括城市开敞空间文化所凝聚的生产行为、城市开敞空间所承载的消费行为和社会交往行为体系。

1. 生产行为

城市开敞空间文化生产行为不是指空间内部的物质生产，不能仅仅将空间当作物质生产的器皿和媒介，而是指城市开敞空间本身的生产，主要包括城市开敞空间建设和规划各主体提供文化产品和文化服务的过程。法国城市社会学家亨利·列斐伏尔（Henri Lefebvre）在20世纪70年代提出的"空间生产思想"❶认为，每一个社会、每一种生产模式、每一种特定的生产关系都会生产出自身独特的空间，即由空间中事物的生产带动空间本身的生产转型。也就是说，城市开敞空间不仅是一种文化生产的结果，它本身也是文化再生产者。

2. 消费行为

城市开敞空间文化消费不只是一种满足物质欲求的简单行为，同时也是一种出于各种目的需要对象征物进行操纵的行为。城市开敞空间文化消费行为体现在以下三个层面：在生活层面上，文化消费是为了达到构建身份、构建自身及构建与他人关系等目的；在社会层面上，文化消费是为了支撑体制、

---

❶ 姚准. 景观空间演变的文化解释[D]. 南京：东南大学，2006.

团体、机构等的存在与继续运作；在制度层面上，文化消费则是为了保证种种条件的再生产。综上，对于城市开敞空间的征服和整合，已然成为文化消费赖以维系的手段。因为城市开敞空间带有文化消费的特征，所以文化消费的逻辑也就成为社会运用城市开敞空间的逻辑，成为日常生活的逻辑。

3. 社会行为

城市开敞空间作为一种社会产物，并不是指某种特定的产品，而是如同亨利·列斐伏尔所说的，"空间是一种充满着各种意识形态的产物"。因此，城市开敞空间社会行为的形成不是一个自然而然的过程，而是一个经过各种利益分力角逐的产物。城市开敞空间社会行为的主要目的不仅仅关注城市中的某一群体、某一类精英，而是鼓励城市中的每一个人都能够在城市开敞空间中找到合适的位置。城市空间的设计者和规划者，应首先了解人的社会行为特征，遵循"在美好环境中过有尊严的生活"的原则❶，以人的社会行为和社会感受为衡量标尺，以人的普世价值观为营造准则，目标是建设出鼓励广泛社会群体参与的、具有人类灵魂的城市开敞空间。

（三）制度形态

制度形式主要包括城市开敞空间的组织形式、空间建设管理过程中所遵循的规章制度及空间所承载的风土民俗制度。

1. 组织形式

城市开敞空间组织形式指的是，空间的建设者和规划者综合运用暗示、铺垫、对比、引导和再现等空间处理手法，把个别、独立的城市开敞空间组织成一个有秩序、有变化、有主题性的空间集群。❷ 这说明城市开敞空间在不同区域层面具有不同的组织形式。首先，在城市区域层面，不同功能的城

---

❶ 葛全胜，何凡能，郑景云，等. 20世纪中国历史地理研究若干进展[J]. 中国历史地理论丛，2005（1）：6-15.

❷ 单菁菁. 城市社区情感研究[D]. 北京：中国社会科学院，2003.

市开敞空间合理分布于城市的不同方位，相互补充、相互促进。其次，在城市开敞空间内部，不同景观之间的组合和排列同样需要遵循一定的组织规律，如自然景观与人工景观的组合、实体景观与活动景观的结合等。因此，在城市开敞空间不同组合模式的运行过程中，要尤为注意组织制度的协调和统一。比如，人工造景与自然生态和谐统一的组织制度、物质实体空间与人类活动空间尺度适宜、互动相生的组织制度等，都是城市开敞空间组织形式提出的要求和目标。

2. 运营制度

城市开敞空间的文化建设是一个科学的系统工程，在实际管理过程中包括许多方面的运营内容。比如，城市开敞空间文化建设的规划与管理、城市开敞空间投融资模式、城市开敞空间的运行机制和保障机制等，都对城市开敞空间的科学开发与合理建设具有重要意义。一套完整、规范、个性化的城市开敞空间运营制度，对创新城市开敞空间物理形态、实现行为方式多元化、凝聚和传承精神形态具有重要的保障和激励作用。

3. 风俗制度

风俗指的是特定区域、特定人群沿革下来的风气、礼节、习惯等的总和[1]，是特定社会文化区域内历代人们共同遵守的行为模式或规范，主要包括民族风俗、节日习俗和传统礼仪等。城市开敞空间的风俗制度关注的是城市文化背后的形成路径，是城市开敞空间文化特色的不竭源泉，对于使用者、参与者有一种非常强烈的行为制约作用。我国不同地域所传承的独特民俗民情，都鲜活地反映在当地城市开敞空间的空间尺度、实践方式、文化产品和文化服务上。因此，要深入研究城市开敞空间中表现出来的风俗制度，遵循历史规律，合理并有效提供适宜的城市开敞空间文化产品和文化服务。

---

[1] 杨思信. 近代中国文化民族主义研究 [D]. 北京：北京师范大学，1999.

(四)精神形态

精神形态主要包括城市开敞空间整体体现的艺术审美水平、空间在建设及运行期间所反映的科学规律和科技系统及人在空间中完成自我成长、实现自我提升过程中应秉持的道德规范。

1. 艺术审美

文化艺术是城市开敞空间文明的精神内核和内在动力。文化既是城市开敞空间的根基和灵魂，也是塑造空间形象、打造空间品牌、培育空间精神的动力源泉。艺术审美主要表现在两个方面。一是城市开敞空间物理场所外化的艺术品位。居民人文素养的丰富与城市开敞空间水平的提高，有赖艺术造诣、文化审美的发展与提高，而城市开敞空间文化的普及和推广也有赖城市开敞空间文化艺术的发展和繁荣。二是城市开敞空间通过艺术教育对大众艺术审美水平的提升。在寓教于乐的艺术教育、技艺培训之下，提升城市开敞空间观赏者、参与者的艺术审美水平，成为凝聚城市开敞空间精神形态的主要手段和目标。

2. 科学系统

科学作为逐渐完整的知识体系，是一门关于探索规律的学问，城市开敞空间科学系统是人类探索研究感悟城市开敞空间变化规律的知识体系的总称。城市开敞空间的科学性主要体现在尺度宜人和可达性两个方面。在尺度宜人方面：首先，城市开敞空间与周边建筑环境之间的距离和比例有一套科学规范的专门数据系统，过大或过小都会对周边物理环境和社会环境产生不良影响；其次，城市开敞空间与人类心理预期、安全感和承受能力之间的适宜尺度，是需要在不同文化背景下结合专业实践得出的科学规律。在可达性方面：首先，通过城市开敞空间的科学设计，方便居民从不同方向均可步行顺利进入；其次，运用先进的科学技术手段，实现城市开敞空间的便利可达和虚拟介入。

3. 道德伦理

城市开敞空间既是使用者的生存场域，同时也是使用者通过实践行为而改造的对象,而道德伦理是使用者和建设者平稳有序改造城市开敞空间的重要保障。道德伦理来源于城市历史积淀,经过加工和改造后作用城市开敞空间。尤尔根·哈贝马斯(Jurgen Habermas)[1]认为,城市开敞空间不仅承担了发展经济的功能,而且通过文化实现影响公共领域转型的功能,还能提升现代公民道德素质。城市开敞空间的道德素质主要指的是,人们在足够的城市开敞空间进行社会性交往与公共表达活动时,能够实现人际关系融洽、公民道德规范、陌生人之间彼此信任、社会价值感稳定的状态,不断推进城市开敞空间文化要素的融合和道德伦理的强化。

以上对城市开敞空间文化要素的四种表现形态及十二种子要素进行了详细的阐述,并就其作用方式、作用目标进行了归纳总结。十二种子要素之间相互作用、相互配合,构成了城市开敞空间文化的不同表征形态。如何激发十二种子要素发挥其各自的核心作用,成为研究城市开敞空间文化创新动力的关键。

第三节 城市开敞空间文化创新动力系统的构建

一、城市开敞空间文化类型

根据城市开敞空间文化要素的内涵及相互之间的作用关系,将城市开敞空间类型分为四类,每一种类型都有其对应的主导动力及主要文化要素。每种城市开敞空间均以其承担的主要功能为命名依据,以下将进行详细阐述。

---

[1] 张婷. 公共领域视野中的公民道德教育困境[J]. 济南大学学报(社会科学版),2014(5):58-62.

（一）休憩观赏型

休憩观赏型城市开敞空间指的是，以艺术审美和放松休闲功能作为主要职能的空间类型，其主要特点是空间艺术氛围浓厚、空间环境景观独特、空间尺度边界适宜、空间便利设施完善等。休憩观赏型城市开敞空间主要满足的是使用者或参与者对舒适的自然环境、丰富的人文气息的向往和需求。具有代表性的休憩观赏型空间案例是街心公园、滨水绿地系统和艺术公园等。

（二）消费娱乐型

消费娱乐型城市开敞空间指的是，以提供文化消费产品或服务、满足游乐需求作为主要职能的空间类型，其主要特点是空间内消费符号众多、使用者的文化消费习惯稳定、空间游乐设施完善、空间可达性、便利设施配置合理等。消费娱乐型城市开敞空间主要满足的是使用者或参与者进行文化产品或文化服务消费的需求，以及消费者对游乐设施、运动娱乐项目的体验欲望。具有代表性的消费娱乐型空间案例是体育公园、文创市集和游乐公园等。

（三）公识培育型

公识培育型城市开敞空间指的是以培育公民道德公识、提升公民专业技艺作为主要职能的空间类型，其主要特点是文化活动以公益性为主、空间参与者实现均等化，具有非排他性、空间对儿童及老人友好、空间运营主体以政府及社会团体为主等。公识培育型城市开敞空间，以服务广大的社会群体为主要宗旨，以培育和传授道德公知和艺术技艺为主要目的，以公益性运营模式为主。具有代表性的公识培育型空间案例是社区公益培训活动、纪念广场、英雄纪念公园等。

（四）社会交往型

社会交往型城市开敞空间指的是，以促进不同群体无目的交往、加速社会交往和相互包容为主要职责的空间类型,其主要特点是空间形态多元、空间地点灵活、空间具有安全感、空间氛围包容和谐、空间内部文化活动参与性强等。社会交往型城市开敞空间主要以无目的、无意识触发居民相互交往、营造舒适安全的交往氛围、提供社会交往的文化语汇等作为建设的主要目的。具有代表性的社会交往型空间案例是办公区街心花园、办公楼外部绿色空间、市民广场、商业区景观小品等。

基于对四种城市开敞空间类型的论述,可以看到空间现象背后有深层次的动力驱动,以及相对完善科学的动力运行体系。以下将重点探析不同城市开敞空间视域下,空间文化创新动力系统的构成及运行的一般规律。

二、城市开敞空间文化创新动力体系解析

不可否认,不同城市开敞空间类型之间存在着较为显著的差异,但是城市开敞空间文化创新系统内部存在着普适性的一般规律。以下将重点解释文化创新动力体系的要素及其动力运行路径。

基于对休憩观赏型、消费娱乐型、公识培育型和社会交往型四种城市开敞空间特征及职能的解析,能够清晰地看出其背后的主要驱动力,分别是环境支撑力、经济推动力、政府调控力和社会制约力。随后,本书将深入剖析不同驱动力中所蕴含的具体空间作用力,并就不同空间作用力的作用效果进行预测。如图4-2所示,本书最终将建立起由动力源、动力主体、动力类型、动力作用和动力效果组成的城市开敞空间文化创新发展动力体系解释框架(蒂斯塔模式,英文缩写DSSTA)。通过对蒂斯塔模式的构建,旨在厘清城市开敞空间文化创新动力体系中具体的作用力,及其相互作用之后产生的动力效果,从而为城市开敞空间的理论构建和实践操作提供借鉴。

城市开敞空间文化创新动力机制研究

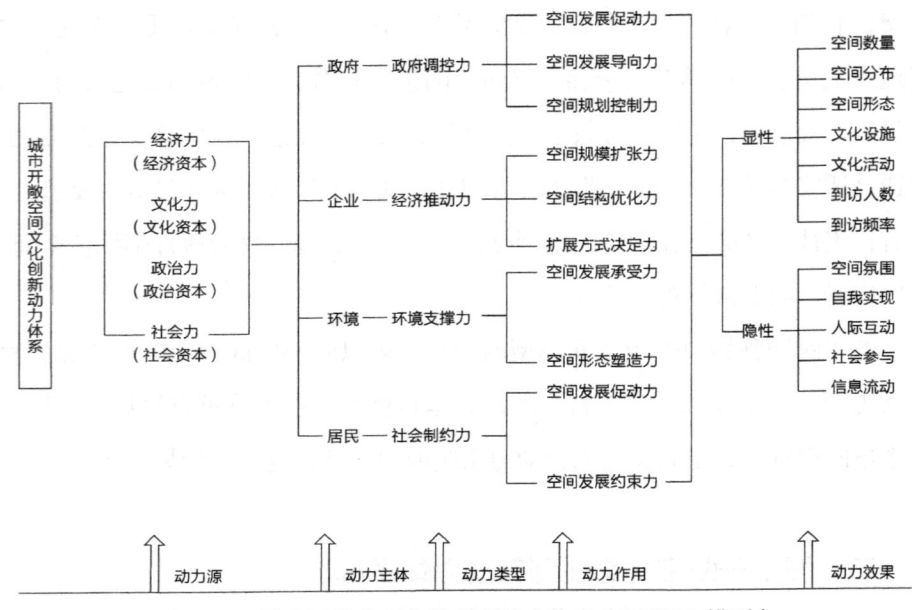

图 4-2　城市开敞空间文化创新动力体系（DSSTA 模型）

数据来源：笔者根据王旭科《城市旅游发展动力机制的理论与实证研究》及王洁心《城市空间发展的动力机制研究》改绘。

（一）动力主体

城市开敞空间不仅是人类政治、经济、社会和文化活动的载体，更是一定范畴内不同人类活动相互作用的结果。基于此，本书参照西方社会学的城市整体理论，认为城市开敞空间文化创新的动力主体主要是物质环境、政府部门、社会组织、经济组织及具有自主能动性的居民。

首先，其中因社会组织是非经济利益的直接追求者，并且肩负引导及组织居民积极参与空间建设的职能，因此社会组织和居民共同构成了第四类动力主体。其次，需要特别说明的是，因城市开敞空间文化创新的载体是物理空间，必然会受到物理环境、空间环境的承载力和约束力的作用，也应将环境列为城市开敞空间文化创新的动力主体之一。基于此，本研究认为城市开敞空间的文化创新主要由政府、企业、环境、社会组织及个人四种动力主体

108

构成，并且通过政治、经济、文化、社会活动实现对城市开敞空间文化发展的实践改造。

（二）动力类型及动力作用

1. 政府调控力

政府作为城市开敞空间文化发展策略的制定者和城市开敞空间土地资源的主导者，不仅要应对经济发展对文化空间压缩带来的挑战，而且还要协调有限土地资源与城市文化培育空间之间的矛盾。可见，在城市开敞空间文化创新发展过程中，政府协调、控制的作用极为重要。政府调控力的主要职能是保护国有资产，弥补市场失灵的部分，促进文化发展与经济发展、社会发展、环境保护相统一。政府调控力不仅可以出台或颁布政策性的指导文件来推动城市开敞空间文化创新发展的有序进行，同时还可以利用城市规划、城市建设等引导型间接手段激发城市开敞空间文化创新发展的潜能。

政府调控力作为主要的动力类型之一，其中蕴含着三种针对城市开敞空间文化创新的作用力：空间发展促动力、空间发展导向力和空间规划控制力。空间发展促动力指的是政府通过出台政策性或纲领性的文件，如城市规划纲要、城市发展战略等，触发并引导城市开敞空间文化创新发展。空间发展导向力指的是政府基于当地空间资源的有效配置，通过项目引进、文化设施专项建设等方式，在预先规划好的空间范围内建设城市开敞空间，旨在引导区域范围内的文化创新发展。空间规划控制力指的是，政府主动积极地干预或引导城市开敞空间文化建设，本作用力较空间促动力的作用效果较小，并且肩负着即时调整建设方向和营造方式的职责。

2. 经济推动力

现代企业作为最活跃的经济单元，从微观视角对城市开敞空间的文化创新发展起到推动作用。现代企业作为动力主体的经济推动力指的是，市场经济活动对城市开敞空间文化创新发展的直接推动作用。历史证明，城市的出现是依托手工业、商业崛起后的人类劳动大分工。基于此，经济活动成为城市开敞空间发展及其文化培育的主要动力。随着市场经济规模、产业结构、工业化水平的不断发展与优化，由经济活动组成的城市消费空间在很大程度上重塑了城市开敞空间的物理环境，并且在城市开敞空间的结构、规模和拓展方式等方面起到了重要作用。❶城市开敞空间物理形态的变化，直接决定了城市开敞空间文化创新的方式和内容。

经济推动力作为主要的动力类型之一，其中蕴含着三种推动城市开敞空间文化创新发展的作用力：空间规模扩张力、产业结构优化力和拓展方式决定力。空间规模扩张力指的是，企业通过资本扩张促进城市开敞空间物理场所的形态改变。企业经济规模的大小直接决定了城市开敞空间建设的力度和方向，为空间文化创新内容的培育提供了独特的土壤。产业结构优化力指的是，经过企业经济结构和比例关系的深层次调整，带动经济增长方式的变化。随着消费行为和消费习惯的培育，产业结构的不断优化影响着城市开敞空间文化发展的方式。拓展方式决定力指的是企业经济水平的高低，它在一定程度上决定了城市开敞空间物理形态的拓展方式。根据核心边缘理论❷，文化在城市开敞空间建设中的比重决定了空间拓展的方向。因此，在城市开敞空间建设中如何兼顾经济发展与文化建设，应受到学界和业界的普遍重视。

3. 环境支撑力

自然环境及其包含的资源是城市开敞空间文化创新发展的物质支撑和条件支持，成为推动城市开敞空间文化创新发展的基础。环境支撑力指的是所有能够直接或间接影响城市开敞空间的自然环境条件，一方面对空间发展和空间改造提供物质支撑，另一方面从生态保护、资源禀赋的角度对城市开敞

---

❶ 王洁心. 武汉都市区簇群式空间发展的动力机制研究[D]. 武汉：华中科技大学，2010.
❷ 核心边缘理论也是一种关于城市空间相互作用和扩散的理论，该模型以核心和边缘作为基本的结构要素，核心区是社会地域组织的一个次系统，能产生和吸引大量的革新；边缘区是另一个次系统，与核心区相互依存，其发展方向主要取决于核心区。核心区与边缘区共同组成一个完整的空间系统。

空间形态扩展提出限制。城市空间环境资源不是"取之不尽,用之不竭"的,而是承载着人类活动、经济发展和社会实践等功能的物质载体。因此,环境支撑力能够通过直接或间接的方式,帮助城市开敞空间在文化建设与环境资源之间达成平衡。

环境支撑力作为主要的动力类型之一,其中蕴含着两种辅助城市开敞空间文化创新发展的作用力:空间发展承受力和空间形态塑造力。空间发展承受力指的是,自然环境禀赋和现有资源条件对城市开敞空间发展用地的包容和约束,不同地质条件、水文特征和气候类型,对城市开敞空间物理场所的类型及形态起到了直接的影响作用,同时也对空间中凝结的独特文化起到了引导作用。空间形态塑造力指的是,城市开敞空间物理形态依托原有的自然资源进行更新和改造,在不搞大拆大建、不破坏原有生态机制的原则下,实现城市开敞空间形态灵活的目的,最终为城市开敞空间文化创新发展提供培育艺术审美的基础条件。

4. 社会制约力

社会组织和居民是政府管理行为与市场经济行为的监督者,为了有效地达到某些特定目标,按照一定的宗旨、制度和系统建立起来的共同活动的集体,并在一定程度上受到社会、居民和各社会组织的制约。社会制约力指的是,社会制度、社会运行逻辑、社会融合方式对城市开敞空间建设的规制和影响。城市开敞空间文化建设需要最大限度地接纳居民的意见和建议,在政府决策时要最大化体现居民的意愿,这被认为是群体正式化的趋势,是城市开敞空间建设中制度创新的体现。

社会制约力作为主要的动力类型之一,其中蕴含着两种帮助城市开敞空间文化创新发展的作用力:空间发展促动力和空间发展约束力。二者看似矛盾,实则统一地推动着城市开敞空间文化创新建设的进程。空间发展促动力指的是,大众对更高水平的日常生活和日常交往的需求代替了原来对物质生活的追求。休闲娱乐、技能提升、人际交往和自我实现等居民的切实需求,在空间上对城市开敞空间起到了倒逼的作用，因此城市开敞空间所蕴含的显性和隐性的空间范围逐步扩大，空间所承载和提供的文化设施和文化活动逐步丰富。空间发展约束力指的是，大众在丰富自身社会文化生活时具有较强的自主选择的权利，个人的喜好和感受成为衡量城市开敞空间及其文化内容重要的个性化标尺。因此，在居民用脚丈量、用脚投票的过程中，对城市开敞空间的物理形态和文化意涵的品质有较为直观的反馈。在文化背景、学历背景、兴趣爱好具有差异的公众群体中，对不同类型的城市开敞空间及其文化创新路径都提出了不小的挑战。同时，公众具有对市政建设和举措的知情权和监督权，对不符合自然、社会发展规律的城市开敞空间建设项目或不符合先进文化发展方向的城市开敞空间文化内容提出合理的抗争，约束不合理的市场行为或是政府举措，因此居民及由居民组成的社会组织成为城市开敞空间文化创新发展的约束力之一。

（三）动力效果

1. 显性动力效果

从显性的角度看，首先，城市开敞空间数量增多、分布变广、形态多样、造型充满设计感是最直观的变化效果。其次，城市开敞空间中文化设施建设数量和文化活动举办数量的增加既是城市开敞空间演进的结果，也是增加空间利用率的基础。最后，随着不同动力的互动作用，城市开敞空间的到访人数和到访频率会得到明显的提升，这也是城市开敞空间物理空间层面效能提升的明显标志。

2. 隐性动力效果

从隐性的角度看，首先，建设城市开敞空间取得的社会层面的效果，主要体现在空间氛围逐步包容和信息流动逐步加快两个方面，这是城市开敞空间文化进步最显著的两个特征。其次，城市开敞空间参与者层面的效果，主要表现在人际互动频繁、个人自我实现及社会参与感较强等几个方面。城市开敞空间文化创新发展的终极目标一定是围绕着"人的实现"而来的，人既是城市开敞空间的文化参与者，也是城市开敞空间的文化创造者。让居民或到访者在城市开敞空间提供的文化氛围里实现自我交往、自我成长，并最终成为城市开敞空间文化营造的组成部分，这就是城市开敞空间文化创新的内在逻辑。

第五章　城市开敞空间文化创新动力机制构建

第一节　城市开敞空间文化创新动力机制构建的先决条件

一、城市开敞空间文化创新动力机制构建的必要性

(一) 城市开敞空间文化创新与城市发展息息相关

城市开敞空间文化创新与城市发展水平息息相关。首先，城市开敞空间的文化内涵对城市发展的影响是一个双向的、复杂的过程，即城市开敞空间文化的物质、行为、制度和精神形态与城市的政治、经济和社会发展之间存在着相互作用力。其次，城市开敞空间的文化形态与城市发展之间的相互作用，并非简单的线性关系，其间还掺杂着复杂的心理、个人和文化差异等不确定变量的影响（见图 5-1）。

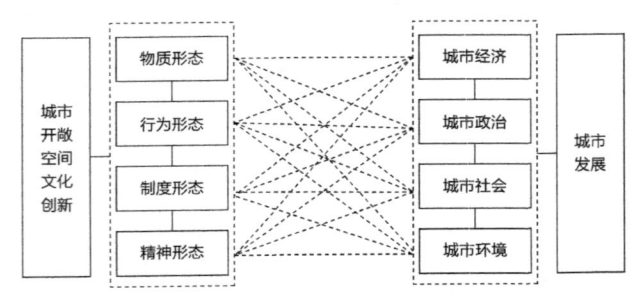

图 5-1　城市开敞空间文化创新与城市发展的关系模型

数据来源：根据皮埃尔·布尔迪厄的著作《实践理论概要》《社会科学的研究行为》《实践的逻辑》改绘。

(二)现有城市开敞空间文化创新动力作用有限

1. 理论研究层面

国内已发表的关于城市开敞空间文化创新动力机制的研究成果主要分为两类。一类是针对城市开敞空间文化创新动力要素的归纳总结,提出动力主体并描述各类动力之间的相互作用关系。研究中深刻认识到城市开敞空间文化创新动力机制并不是某一单一动力作用的结果,需要多重因素的合力作用,应谨防管中窥豹。另一类则主要从城市社会学的视角考察城市开敞空间文化创新动力机制,主要研究社会、政策和市场等力量之间相互作用的不同模式,但不免常常忽略对城市开敞空间物质载体的关照。由此看来,目前的研究大多在不同层面存在缺陷,对城市开敞空间文化创新动力机制的研究不够全面,因此亟须一个更系统的,既能反映我国宏观经济社会情势,又能与城市开敞空间物质载体本身产生密切联结的动力机制的解释框架。

2. 具体实践方面

城市发展对城市开敞空间文化发展的反作用在之前的历史实践中留下了较多的副作用。具体来说,由于我国社会转型期经济上的大跨步发展与有限的城市空间之间的时空矛盾,造成了文化碎片化倾向逐渐显现;随后,大规模的"造城运动"导致新旧文化之间的断裂;有些城市文化景观没有考虑城市空间的现实背景,奇特的造型设计、与背景不符的建筑体量,常常造成城市开敞空间内部的不协调;过分崇洋媚外、照搬照抄,不禁让很多城市空间呈现"千城一面"的趋同现象;在中国传统文化幕布前装点许多欧美空间元素,在二、三线城市力图还原欧美大都市风貌,这种建设性的破坏呈现蔓延之势;"高大全"的城市开敞空间设计,没有关照当地居民的使用偏好和生活习惯,"城市人"塑造缺位现象造成了城市空间人文精神的空乏。

二、城市开敞空间文化创新动力机制的解释框架

根据汉语词典的释义,动力机制❶是指推动事物发展的力量系统的作用机制及各力量之间相互作用的过程和方式。换句话说,关于动力机制研究重点要搞清楚两点:一是明确推动事物发展变化的动力要素,并厘清要素之间的作用关系,构建动力机制的动力系统;二是揭示出动力系统各要素之间的作用机制,并找到其对外界事物产生作用的内在逻辑(见图5-2)。

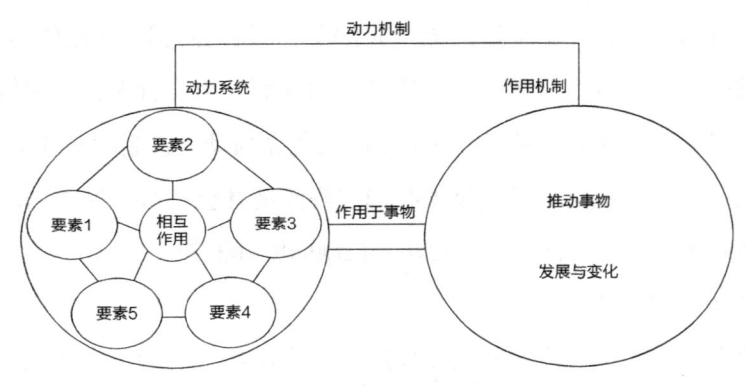

图5-2 动力机制概念框架

数据来源:王旭科.城市旅游发展动力机制的理论与实证研究[D].天津:天津大学,2008:16.

根据动力机制的概念界定,城市开敞空间文化创新动力机制指的是,城市开敞空间文化创新动力系统和城市开敞空间文化创新动力运行机制两部分。关于城市开敞空间文化创新动力系统,已在第四章进行过详细阐释。关于城市开敞空间文化要素彼此之间的作用关系及其运行机制,是本章研究的重点。首先,对城市开敞空间文化创新动力机制的作用机制各组成要素及运行逻辑进行阐释;其次,对城市开敞空间文化创新动力机制作用与外部事物发展变化的规律进行梳理(见图5-3)。

---

❶ 动力在汉语词典中的解释是比喻推动工作、事业等向前发展的力量,泛指事物运动和发展的推动力量;机制指的是各要素之间的结构关系和运行方式,在社会学中的内涵可以表述为在正视事物各部分存在的前提下,协调各部分之间的关系以更好地发挥作用的具体运行方式。

第五章 城市开敞空间文化创新动力机制构建

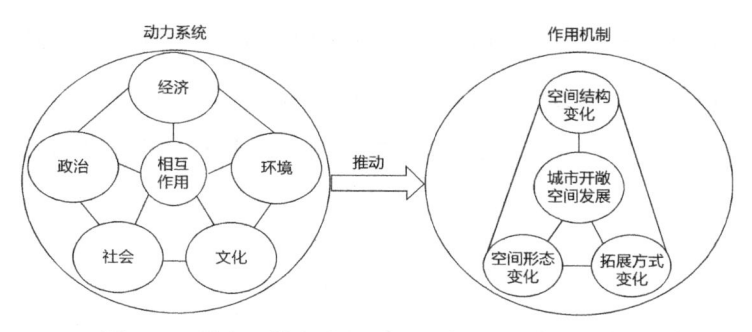

图 5-3 城市开敞空间文化创新动力机制的解释框架

城市开敞空间是更高形态的人类文明的存在和发展方式，不仅代表着空间物质形态的文化化，更体现着政治、经济和社会等多层面人类文明的融合和积淀。可以说，城市开敞空间的文化创新发展本身，也是城市文化创新发展重构的过程。换句话说，城市开敞空间中空间文化的创新水平成为衡量现代城市发展的新标尺。城市开敞空间发展能否寻得文化认同、能否打造社群生长空间、能否挖掘文化资源、能否实现文化传承、能否提升内在品质，成为研究城市开敞空间文化创新动力机制的关键所在。

第二节 城市开敞空间文化创新动力机制的作用机制

城市开敞空间文化动力要素的形成，是基于动力主体与动力资源相互作用，并通过自组织或他组织形成的正负涨落机制，构成了城市开敞空间的空间实体和社会场域。随后在动力系统的联合作用下，城市开敞空间实现了基础设施不断完善、空间使用率不断增加、空间文化不断融合传承、社会参与不断融洽深入等目标，促进了城市开敞空间文化创新。在这一过程中，存在制度机制和制约条件的不断作用，在一定程度上决定着城市开敞空间文化创新的效率和成果。经过城市开敞空间文化元素的不断改进和反馈，最终形成相对稳定的城市开敞空间文化创新作用机制，并不断促进城市创新发展（见图 5-4）。

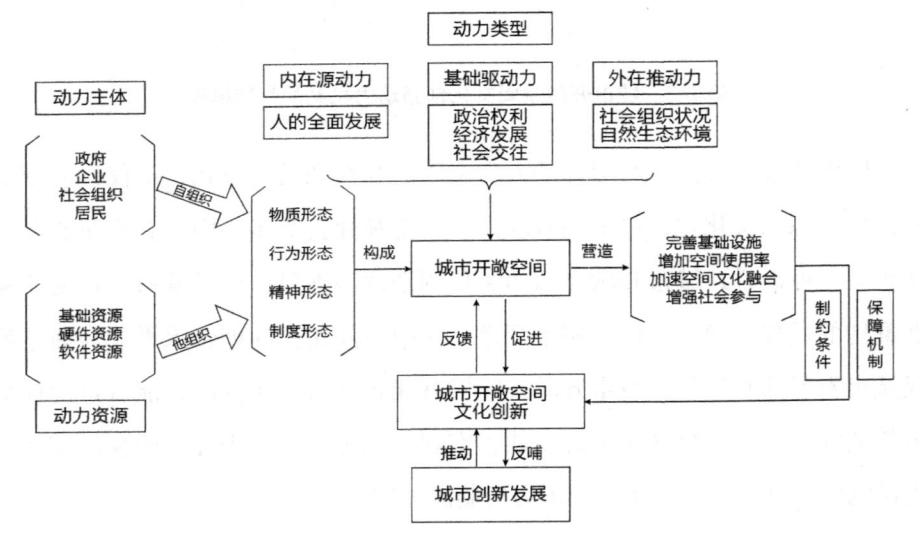

图 5-4　城市开敞空间文化创新动力机制的作用机制

一、动力主体

城市开敞空间的动力主体呈现较为突出的多元化态势。因不同城市开敞空间建设目标和营造方式的差异，占据主导地位的动力主体也不尽然相同。事实证明，城市开敞空间四类主体均在文化建设过程中力图实现自身利益的最大化。因此，在多元主体同时作用于城市开敞空间时，它们的合力最终决定了城市开敞空间文化建设的最终走向。如何实现多元动力主体的利益平衡，是亟待解决的问题。

（一）政府

政府关于城市开敞空间文化建设的规划文件、实施策略、纲领政策等，都会引起城市开敞空间文化创新系统的结构性巨变。政府作为城市开敞空间的主体之一，从物质形态、精神形态、行为形态和制度形态等方面，均对文化创新动力机制产生直接或间接的影响。比如，政府对城市开敞空间物理场所的绿化要求，会直接提升城市开敞空间的宜人性，从而提升艺术审美、文化交融的程度；政府对社会主义精神文明的引导，能够丰富城市开敞空间文化建设的内容；政府对文化消费转型升级的倡导，能够有力激活大众文化消费行为，倒逼供给侧改革；政府对风俗庆典的重视，将引导大众对城市历史文化进行保护和传承，挖掘城市开敞空间文化价值的多元取向。

（二）企业

企业作为城市开敞空间最活跃的经济单元，秉承"经济人假说"的原则，力求用最小的成本投入换取最大的效益产出。这是企业在城市开敞空间文化创新动力机制中，做出任何决策的前置原则。以经济产出为基础的城市开敞空间，在城市整体的空间布局中占有支配性的地位，能够在空间形态、空间布局、空间景观、经营模式和运营方式等方面占据一定的话语权，给空间文化培育提供保障和便利。企业的经济行为直接或间接地影响着空间使用者在进行文化生产、文化消费过程中的行为方式和主要目标。因此，企业是城市开敞空间文化创新动力机制变革的重要促进者。

（三）社会组织

社会组织[1]作为公共关系的三大构成要素，指的是为了有效地达到特定的目标，按照一定的宗旨、制度和系统建立起来的共同活动集体。这个群体

---

[1] 王名．社会组织概论[M]．北京：中国社会出版社，2010.

因其有明晰的目标、明确的分工、清楚的界限，成为城市开敞空间文化创新动力机制的主体之一。社会组织运行的目的是协调内部成员的认知和行为，使成员们能够朝着某一特定的目标而努力。因此，社会组织成为城市开敞空间文化创新运行过程中重要的调节器，当城市开敞空间的物理场所扩张无度、忽视环境宜人的宗旨时，社会组织便可运用自身的力量进行知识传授和理念宣导，调节城市开敞空间文化建设过程中遇到的现实问题。

（四）居民

城市居民为了维护自身在城市土地与城市空间利用中的特定利益而参与到城市开敞空间的文化建设中，不论是直接的经济投资方式还是间接的互动参与方式，都是城市开敞空间文化营造的重要形式。但是相较政府和企业而言，居民作为空间建设主体具有比较明显的弱势。历史证明，在城市化进程比较完善的地区或历史阶段，居民对城市空间的形态调整和结构调整有着较大的话语权；反之，则因居民在城市中相对较少的话语权，对城市开敞空间文化创新动力发展的影响力较弱。

二、动力资源

（一）基础资源

基础设施是指为社会生产和居民生活提供公共服务的物质工程设施，是城市社会赖以生存发展的一般物质条件。城市基础设施主要包括城市道路、桥梁、公共交通、园林、绿化、路灯和环境卫生等设施的建设，绝大部分属于城市开敞空间的承载范畴。因此，城市基础设施是城市开敞空间文化创新提升的重要物质保障。值得一提的是，在5G时代，通信网络承担着文化安全、生活互联等方面的新职责、新任务，将通信网络作为城市基础设施的重要建设资源是很有必要的。

（二）硬件资源

城市开敞空间建设的硬件资源与资金和技术是密不可分的，城市空间与城市经济实力、科技水平存在着显著正相关的联系。一方面，资金和技术是城市开敞空间物质建设和文化营造的保障，区域中经济总量、技术革新的创收都会成比例地投入空间的硬件设施建设中。另一方面，城市开敞空间文化创新的发展，客观上需要资金的投入和技术的更迭。随着社会对城市开敞空间需求的多元化变革，对空间成本投入的要求也不断在上升。

（三）软件资源

城市开敞空间文化创新动力机制中的软件资源主要指的是，当地文化资源和流行文化资源在空间中凝结的产物。不可否认，本土文化资源作为城市开敞空间文化创新的根基，起到了内容输送的作用。同时也不能忽视世界流行文化资源与当地文化资源的冲击和融合作用。城市开敞空间中软件资源的主要类型包括城市自然及文化遗产、建筑及空间艺术作品、文化公益活动、文化科技领域的版权及专利等，从艺术形态、活动形态到制度形态，均属于城市开敞空间文化营造的软性条件。城市中的软件资源为开敞空间文化创新提供了丰富的土壤和养分，不断滋养着城市开敞空间文化。

三、组织过程

城市开敞空间的形态和结构在自组织力作用下经历了"集聚—拥挤—分散—新的集聚"这一耗散过程。[1] 在这一过程中：一方面，城市基础设施的建设、政策的行政旨意、自然生态的承载量等因素均对城市开敞空间产生着

---

[1] 耗散理论，即耗散结构理论，是研究远离平衡态的开放系统从无序到有序的演化规律的一种理论。耗散结构是指处在远离平衡态的复杂系统在外界能量流或物质流的维持下，通过自组织形成的一种新的有序结构。

显著的影响；另一方面，城市开敞空间的建设中一直存在着无形因素的干预，如政府的规划调控、政策引导，或社会人口结构的变化等。当城市开敞空间被法律、技术、经济和规划决策等方面的作用力改变空间结构、优化空间形态、丰富空间内容时，就是城市开敞空间组织机制发挥作用的时候。城市开敞空间文化创新动力机制就是通过空间自组织与他组织的过程相互交替朝着理性、优化的方向发展。

（一）自组织

自组织是指混沌系统在随机识别时形成耗散结构的过程，主要用于讨论复杂系统，因为一个系统的自组织功能越强，其保持和产生新功能的能力也就越强。[1] 城市开敞空间文化创新动力机制因其内在的涨落浮动、非线性、开放性和非平衡性等特征，具有显著的耗散理论的特征，其正负反馈机制都因其内在的自调节成立而逐步凸显。自组织现象无论是在自然界还是在人类社会中都普遍存在，城市开敞空间文化创新动力机制的自组织属性越强，其保持和产生新功能的能力也就越强。

（二）他组织

他组织是指在随机耗散结构的运行过程中，运行主体主要受到的外部强烈驱动力被动改变运行状态和原有功能的行为过程。任何一个城市开敞空间文化创新的运行模式都有他组织的属性，否则就失去了存在的基础和发展的动力。

---

[1] 王春贺. 异化理论视域的城市现代化反思 [D]. 武汉：武汉理工大学，2017.

四、动力类型

结合城市开敞空间文化创新的特殊性,通过对动力主体的分析,现将动力类型分为三种:内在源动力、基础驱动力和外在推动力。

(一)内在源动力

文化是人类社会进步的重要内容和精神动力,主要包括物质文化、精神文化和制度文化三大类,构成了城市开敞空间持续发展的不竭动力。文化无论是在交流的过程中传播,还是在继承的基础上发展,都包含着文化创新的意义。作为文化发展的实质,文化创新既是城市开敞空间文化发展的内在源动力,也是城市经济增长、社会实践和政治发展的必然要求。

同时,人的全面发展既是文化创新的根本目的,也是城市开敞空间文化创新的动力所在。在城市经济生产、社会实践交往过程中,居民实现个人理想抱负、发挥个人能力、培养自身技能的需求越来越强烈。因此,作为城市社会经济活动的重要承载体,城市开敞空间文化创新动力需要人的自我实现作为内在源动力。

(二)基础驱动力

基础驱动力指的是,推动城市开敞空间文化创新向前发展的内在需求的表征。在城市运行过程中,政治权力、经济发展和社会交往是开敞空间文化创新的基础驱动力。

政治权利在法学中的解释是,居民依法享有的参与国家政治生活的权利。[1] 在城市开敞空间文化创新视域下,作为动力之一的政府驱动力主要被赋予了两层含义:一方面是所有居民具有公平使用城市范围内自然及社会开

---

[1] 张光博. 坚持马克思主义的人权观[J]. 中国法学, 1990(4): 10-17.

敞空间的权利；另一方面是所有居民在合理范围内享有改造城市开敞空间的权利。这就从居民享有参与社交互动、参与文化投资两方面赋予了全社会平等的权利，这也成为城市开敞空间文化创新建设的政府调控驱动力。

经济发展在城市运行过程中不仅意味着财富和经济体量的增加，而且意味着发展质量方面的变化，即经济结构、社会结构的创新及社会生活质量和投入产出效益的提高。经济发展作为城市开敞空间文化创新的基础驱动力之一，其发展过程成为推动城市开敞空间所辐射区域经济结构、社会结构持续高级化的创新过程，最终实现区域内文化的创新发展。

社会交往是指在一定的历史条件下，个体之间相互往来并进行物质、精神交流的社会活动。马克思、恩格斯在历史唯物主义理论中阐述道：社会交往是文化传播的手段，是社会构成与发展的基础，是个人成长的方式。城市开敞空间中的社会交往能够提高个体生产力、深化认识、促进人的全面发展。这些作用直接影响着城市开敞空间的社会秩序、社会风气及社会凝聚力，是城市开敞空间文化创新程度的外部标志和内部动力。

（三）外在推动力

外在推动力指的是，城市开敞空间文化创新发展过程中空间主体之外的其他因素所形成的促进动力，主要包括社会组织状况和自然生态环境两个方面。

社会组织是协调城市开敞空间文化创新发展各要素之间关系结构的公共关系主体，能够将不同的空间要素按照一定的宗旨、制度和系统建立起联系。城市开敞空间文化创新领域中社会组织的存在形式多样，有正式和非正式等形式，目标是将城市空间中散落的众多个体连接成打造高品质城市开敞空间的共同集体。近年来，社会组织的意识不断崛起、规模不断扩大、运行不断科学、效率不断提升，已成为城市开敞空间文化创新发展中最积极的社会组成部分。

生态宜居的战略不仅适用乡村振兴，在城市开敞空间文化创新的建设过程中同样适用。在城市建设中，城市开敞空间是调节人工环境和自然环境比例最重要的空间因子，具有最灵活的形式、最丰富的形态、最频繁的互动和最适宜的尺度。这些都构成了城市开敞空间文化创新发展的宜人环境和外在氛围，在轻松、宜人、舒适的空间环境中，人们能够更好地进行社会交往和生活生产实践，促进空间文化的孕育和发展。

五、保障机制

（一）激励制度

激励机制是指通过特定的方法和管理体系，使客体的运行体系规范化、相对固定化。这种以激励客体为目标的相互作用、相互制约的结构、方式、关系及演变规律的综合称为激励机制。城市开敞空间的建设和培育是一个漫长的过程，较短时间内的经济效益或社会效益均不明显，需要采取一定的激励机制，使动力主体始终抱有对城市开敞空间文化建设的初心，始终坚定地进行城市开敞空间文化营造。

（二）竞争制度

竞争制度对于市场经济的运行和发展具有重要的作用，在文化资本转化为社会资本和经济资本的过程中，只有遵循着一定的价值规律的要求和作用才能得以贯彻和实现。在此过程中，文化资本、人力资本成为显性的紧缺资源，如何高效利用成为城市开敞空间能否持续发展的关键。因此，在各城市开敞空间中形成良性的竞争趋势，在空间形态改变、活动形式拓展、文化意涵运用等方面都能起到正面的引导作用。

(三）评价制度

城市开敞空间文化创新的评价制度主要是从政府行政管理的视角出发，对区域内不同类型的城市开敞空间在激发内在活力的过程中的效能进行评价。它主要以正向引导为主，具体对一些值得推广、值得借鉴的经验和做法进行宣导，建设正向的舆论引导和行为规制。因城市开敞空间文化创新的柔性标准，评价制度不适用定量为主的指标体系，更多的时候应以居民好感度等柔性指标进行定性分析与评价。

（四）监督制度

监督制度既是城市开敞空间文化创新建设得以科学完善和高效运行的基础，同时也是政府部门或社会组织进行有力管控的重要手段。城市开敞空间文化创新涉及意识形态、文化安全和社会道德等多维度的文化层面，因此在营造过程中采取必要的监督手段是确保先进文化发展方向的有力保障。城市开敞空间文化创新的监督与管理工作是一套复杂的系统，涉及的职能部门非常庞杂，因此建立一个统一的大部头监管系统不仅是必要的，同时也是高效的。

六、制约条件

（一）城市生态环境容量

城市生态环境是城市中人类与周围生物和非生物环境相互作用而形成的一类具有一定功能的网络结构，其生态容量是城市开敞空间文化创新发展的制约条件之一。在有限的城市物理空间环境内，对空间资源的抢夺是很激烈的，自然生态环境与人造空间环境之间的协调比例是需要不断调整、不断妥协的。城市开敞空间并非平地而起的生硬建设，其空间文化的生成和培育更多依靠的是城市自然生态环境的禀赋及在此基础上进行的创意性转化和创新性发展。因此，城市生态系统对自然系统、经济系统和社会系统运行中生产、分配、流通和消费各个环节，均起到了重要的调控作用，制约着物质流、能量流及信息流之间的相互运作和相互联系。

（二）可达性

可达性是指居民克服距离和旅行时间等阻力到达一个服务设施或活动场所的愿望和能力的定量表达，是衡量城市公共服务设施空间布局合理性的一个重要标准。❶因此，城市开敞空间内部的空间布局及可达性成为其文化创新能力提升的一个重要制约条件。城市不同区域中城市开敞空间的分布情况，因其经济发展水平、市政整体规划和社会结构层次等不同因素而产生差异。同时，城市基础设施中交通设施的建设情况，也决定着人们能否通过便捷的公共交通或者在步行舒适范围圈内可以接触到城市开敞空间。因此，城市开敞空间的物理空间布局及可达性的程度直接制约着城市开敞空间文化的培育和外溢性的效果。

（三）空间偏好的变化

空间偏好，又称使用者偏好，指的是个体或群体对空间吸引和空间选择的价值判断。城市开敞空间文化的表现形式多样，如空间艺术形态、文化公益活动、游乐设施消费和创意经济集聚等，都是城市开敞空间文化的表征和实现形态。不同的表现形式所蕴含的空间文化主题也不尽相同，朋克、流行、古典、先锋和传统等不同主题都有忠实的用户"粉丝"，因此城市开敞空间的文化发展受到了群体偏好的极大影响。而且，城市开敞空间的文化发展不能是一成不变、墨守成规的，需要不断捕捉和揣摩目标群体的文化偏好和使用偏好，并不断调整文化产业、文化设施和文化服务的供给方式。

---

❶ 王静文，雷芸，梁钊. 基于空间句法的多尺度城市公园可达性之探讨[J]. 华中建筑，2013（12）.

(四)其他城市空间的干扰

城市开敞空间文化创新的发展依赖公众注意力和参与实践行为的承载空间之间的相互作用和相互联结。在中观层面，城市开敞空间属于城市空间中的一类，与城市居住空间、城市生产空间等空间类型都在同一时间争夺着使用者的时间和精力。在微观层面，城市开敞空间具有观赏休憩型、娱乐消费型、公共活动型等不同类型，使用者在面对不同的城市开敞空间类型时，会因不同的空间文化内涵而采取不同的空间实践行为。基于此，从空间类型到空间功能都在很大程度上制约着城市开敞空间文化创新主体的使用频率、使用时长和使用满意度。

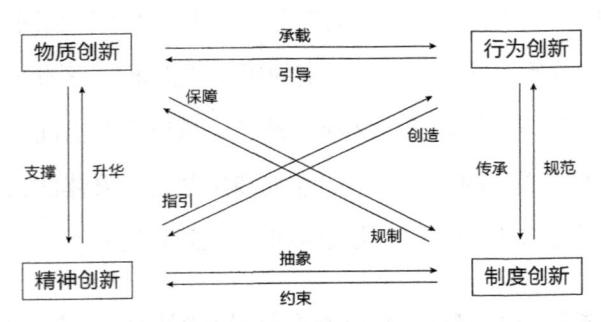

第三节 城市开敞空间文化创新动力机制的作用原理

上一节对城市开敞空间文化创新动力机制作用机制的构建，清晰地呈现出城市开敞空间文化创新的作用过程。在明确城市开敞空间文化创新作用过程的前提下，本书的关键是要探究出城市开敞空间文化创新各要素之间的互动关系和互动逻辑，并基于此总结出城市开敞空间文化创新动力机制的作用原理（见图5-5）。

图 5-5 城市开敞空间文化创新动力机制的作用原理

城市开敞空间文化创新机制中的物质创新指的是，通过物理场所的空间形变和意义负载，实现城市开敞空间文化创新的目的。城市开敞空间文化创新动力机制中的行为创新指的是通过空间主体的社会实践行为，实现城市开敞空间文化创新的目的。城市开敞空间文化创新动力机制中的制度创新指的是，通过规制、约束、改进城市开敞空间的运营方式和组织模式，从而实现城市开敞空间文化创新的目的。城市开敞空间文化创新动力机制中的精神创新指的是，通过提升审美品位、加强科学赋能和重视道德感化等城市开敞空间精神形态的变化，从而实现城市开敞空间文化创新的目的。以下针对城市开敞空间文化创新的四种创新类型，详细探究各因素之间的作用关系。

一、城市开敞空间文化创新机制中物质创新的作用原理

（一）物质创新承载行为创新

物质创新是行为创新的载体，一切文化活动的举办、文化消费行为的完成、社会交往的实现，都是基于一定的物质空间来实现的。物质创新一方面是行为创新的载体，另一方面也是行为创新的结果。行为创新借助物质创新实现自我提升，同时又将实践行为反作用物理场所，使其得到更新和优化。

（二）物质创新保障制度创新

物质创新是社会制度规范下的产物，而制度创新则需附着在物质实体上才具备现实意义。制度创新的面向非常广、手段非常灵活，而一旦没有具体物质场所为依托，一切运营模式、组织形式都将成为无源之水、无本之木。因此，物质创新是对制度创新的有形保障，同时也能及时反映出制度的效果和趋势。

（三）物质创新支撑精神创新

城市开敞空间文化创新中的精神创新主要包括艺术审美品位的提升、科学系统在空间中的利用，以及伦理道德在社会范围内被普遍认可。多重精神创新的建设目标需要物质形态的支撑和依托。艺术审美只有落地到景观小品才能被人们所评价，科学系统只有给物理场所带来便利才能被认可，道德伦理只有外化成文化便利设施才能被读懂。因此，物质创新是精神创新的支撑。

二、城市开敞空间文化创新机制中行为创新的作用原理

（一）行为创新引导物质创新

城市开敞空间的主体是具有积极主观能动性的，因此在城市开敞空间内进行的文化生产活动、文化消费活动和文化交流活动，都不是无目的、无意识的行为；相反，每一个社会实践的举动，都是对物理场所的优化和改造。应从使用习惯、使用感受、使用心理等方面，对物理场所的建设提出切实可行的建议。

（二）行为创新传承制度创新

城市开敞空间中培育起来的制度创新能力并非一蹴而就，需要由社会实践行为所组成的行为创新来不断地传承和优化。制度创新包括对风土人情的挖掘和传承、对运营制度的变革和发展、对组织形式的优化和提升，这些创新目的的实现需要通过空间主体的社会实践行为来完成，否则始终是一纸空谈。

（三）行为创新传承精神创新

城市开敞空间文化创新动力机制中的精神创新往往是依托行为实践的产物，艺术审美在艺术景观生产过程中得到更深刻的认知，科学技术在VR体验等文化消费过程中得到传播，道德伦理在社会交往过程中得到关注。因此，

行为创新是精神创新的保存方式，同时在实践行为的多次反复过程中，实现对精神创新的不断提升。

三、城市开敞空间文化创新机制中制度创新的作用原理

（一）制度创新约束精神创新

城市开敞空间文化创新动力机制中的精神创新具有范围广、内容丰富和形式灵活等特征，因此在城市开敞空间文化创新发展过程中，精神创新需要受到一定的约束和规制，以防止出现艺术品位低下等问题。此时，基于科学管理体系建立的制度创新模式，能够为精神创新指出问题并提出解决路径。比如，可以通过传播渠道的多元化避免文化景观的私有化，通过改善组织形式的冗余化，实现科学技术的最大化应用。

（二）制度创新规制物质创新

物质创新主要涉及特色空间的打造、历史遗存的保护、环境体系的培育等多重面向，每一种创新方式均不是无序无规、肆意蔓延的。这就需要一定的社会制约力量对其发展和优化进行指导和限制，而城市开敞空间的制度形态就很好地起到了规制物理场所随意建设的问题，为健康、有序、高品质的物理场所提供了边界和要求。

（三）制度创新规范行为创新

城市开敞空间文化创新动力机制中的行为创新，主要表现为文化生产行为的创新、文化消费行为的创新和社会交往行为的创新。不同社会实践行为的产生并非不受控制，反而受到社会公约、管理模式和组织方式等现实因素的影响。行为创新能够检验并不断优化制度创新的成果，反过来，制度创新也需要对行为创新进行约束和规范。

四、城市开敞空间文化创新机制中精神创新的作用原理

（一）精神创新升华物质创新

城市开敞空间文化创新中的物质创新能够被精神创新所升华，使其外部形态改变和优化，真正内化为设计理念、生活方式和环保意识。而仅仅是空间形态的变革，并非城市开敞空间文化创新的主要目的，唯有实现精神层次的超越，才是城市开敞空间文化创新的最终目的。

（二）精神创新指引行为创新

城市开敞空间文化创新动力机制中的行为创新，只有受到更高层次的思想觉悟、世间真理的引领，才能避免简单机械的重复工作，从而在实践过程中得到优化和引导。因此，精神创新对行为创新起到指引的作用，而行为实践反过来不断丰富精神创新的内涵和外延，逐步实现城市开敞空间整体的文化创新。

（三）精神创新抽象制度创新

城市开敞空间文化创新动力机制中的制度创新涉及社会经济生活的方方面面，庞杂而细微的制度形态往往因为过于冗余而影响城市开敞空间文化创新建设的效率和质量。精神创新旨在将固化的文化意涵抽象化，通过精神创新的抽象化，能够方便快捷地把握城市开敞空间中制度创新的要点和重点，从而实现城市开敞空间文化创新建设的平稳运行。

第六章 城市开敞空间文化创新动力机制的具体模式

第一节 场所建设模式

上一章对影响城市开敞空间文化创新发展的动力因子进行了归纳，对城市开敞空间文化创新动力机制的作用机制进行了梳理。实际上，在城市开敞空间文化创新发展的实践过程中，不同动力之间通过相互影响、相互作用可以组成不同的动力组合形式，即动力模式。城市开敞空间文化创新的主体在一定条件下，通过各种动力的有机组合，形成推动城市开敞空间文化创新发展的具体运行方式，以下对城市开敞空间文化创新动力机制的典型模式及子模式进行分析。

一、场所建设模式概述

场所建设模式主要指的是，以政府职能部门的行政权力为主要动力进行城市开敞空间建设和营造的模式。城市空间规划主要关注的是有形建筑物、空间实体等承载了较多生产功能和居住功能的城市空间类型，如工厂、行政机构和居住空间等；但对于生态环境、遗产保护等方面的思想理念和实际关照较为欠缺。城市规划者在意识到自然空间和历史遗存在城市空间中占有重要地位之后，开始通过直接的行政手段进行空间调控。比如，对于适宜的人居环境和珍贵的历史遗迹展开了自上而下的行政保护措施，通过城市开敞空间物理场所的呈现，实现城市开敞空间的整体协调。

二、场所建设模式运行机制分析

该动力机制模式的作用机制：政治经济需要—自然及人文资源开发—城市开敞空间物理空间形成—加大城市基础设施建设—完善城市自然及人文资源保护功能—城市空间观赏休憩等使用频率提升—获得社会与经济效益—城市开敞空间文化创新（见图6-1）。

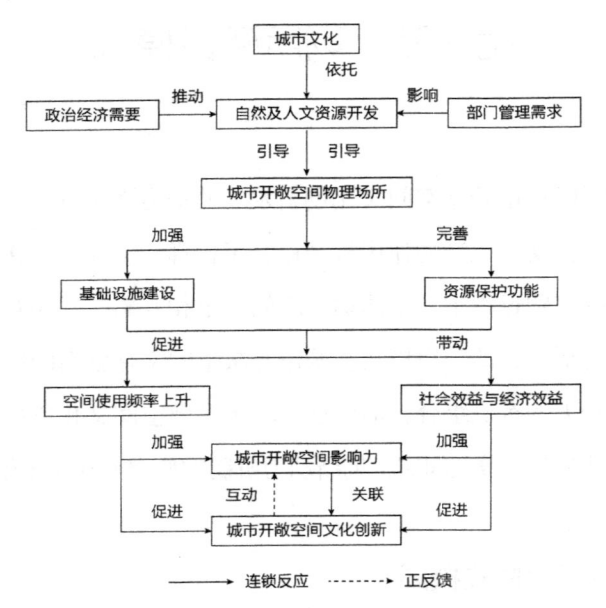

图6-1 场所建设模式运行机制

在国家政治经济建设需要的推动下，以及各级职能部门工作要求的指导下，充分开发和利用城市自然及人文资源，并在资源传承、资源保护的引导下建设城市开敞空间是该动力机制的运行逻辑。基于此，此类城市开敞空间的建设需要加大基础建设力度、完善资源禀赋的保护功能，从而促进城市开敞空间观赏休憩等使用频率的上升，并带动空间中社会效益与经济效益的增长。随着空间使用频率的上升和政治、经济和社会效益的增长，城市开敞空间中各组成因素相互作用，逐步扩大城市开敞空间的影响力，最终实现城市开敞空间文化创新能力的持续提升。

三、场所建设模式具体运行路径探析

（一）打造空间特色模式

1. 模式特征

打造空间特色模式是城市开敞空间文化创新的主要形式，借助政治力量与政治活动的因素，以空间发展促进力、空间发展规划控制力为主要动力。该动力机制的主要特征是，采取预防过度商业化等城市功能的调控手段，实现空间形态、空间规模、空间分布和空间类型等方面的物质载体创新。通过不断激发城市开敞空间中的文化互动、保护城市开敞空间中的文化延续，从而实现空间辐射范围内的文化创新。

2. 动力发生条件

打造空间特色模式的触发条件主要依赖城市规划和建设部门对城市开敞空间主体作用的认可程度，以及对城市开敞空间文化创新能力的把握和预期。唯有行政部门认识到在城市开敞空间中投入基础设施建设是文化赖以发展的空间支撑和触发原点，才能形成"自上而下"的营建思路，为城市开敞空间文化创新建设提供载体和保障。

3. 代表案例

城市开敞空间作为打造特色空间的重要组成部分，能够有效改善城市生态平衡，调整城市空间布局。西方国家早已有将城市开敞空间作为城市增长边界来治理城市无序蔓延的先例，其中尤以美国波特兰的经典做法最为人们所称道。波特兰在城市建设方面取得一系列荣誉，如 2000 年被评为创新规划之都，2003 年被评为生态屋顶建设先锋城市，2005 年被评为美国十大宜居城市之一，2006 年被评为全美步行环境最好的城市之一。[1] 由此可见，波特兰在打造特色开敞空间方面具有较多成熟的经验。

---

[1] 李海龙. 国外生态城市典型案例分析与经验借鉴 [J]. 北京规划建设，2014（3）.

在城市开敞空间文化建设方面，波特兰大都会区是美国较早利用城市空间进行城市功能区分割的试点区域。当地政府在控制城市空间无序蔓延的同时，依托绿地、公园等城市开敞空间，不仅承载和保护了自然和文化资源，提高了城市开敞空间的功能复合性；而且积极倡导了公共导向的城市开敞空间开发原则，力图将城市开敞空间融入大众的生产和生活之中。波特兰以公交和轻轨作为主要的出行工具，串联起城市中极具特色的城市开敞空间。20世纪50年代，通过建设市区的有轨电车系统成功带动了老城区的繁荣，使居民对私家车的依赖降低了35%。❶通过建设以步行、观赏为主要功能的城市开敞空间，串联起城市中主要的公共活动区域，使城市空间布局更为合理、生产生活实践交流更为便捷。

城市开敞空间规划控制力和城市开敞空间发展促进力，是这一类型动力机制的主导动力。随着城市开敞空间规划理念的逐步更新、规划细节的逐步科学，其在维护城市生态平衡、缓解大城市病、改善拥挤污染现状等方面将起到越来越重要的作用。

4. 动力效能

打造空间特色模式不仅在物理环境上对城市开敞空间进行了拓展，最重要的是，遵循这一模式还改变了空间布局，提供了更多可供居民休憩、观赏的开敞空间类型；并为社会交融、经济发展、政治赋权和文化创新提供了基础的物质场所。

（二）提升环境质量模式

1. 模式特征

提升环境质量型的城市开敞空间文化创新动力机制主要是指在政府或管理部门的指导规范下，以城市自然环境质量提升、城市开敞空间文化艺术氛

---

❶ 邓亚雯. 资源枯竭型城市生态规划策略[J]. 学术论文库，2016（10）.

围活化为目标，进行相关城市开敞空间建设和设计的实践方式。这一动力模式依托城市空间承载力，努力在空间可承受范围内、不破坏原有自然机制的前提下，进行城市开敞空间文化的培育和创新。

2. 动力发生条件

提升环境质量模式触发的物理条件，主要受限于城市开敞空间现有的及可供改造的空间容量，以及空间辐射区域内的自然禀赋。此模式触发的社会条件有以下两点：一是城市管理者本身的行为理念及对市民推行理念普及的宣导能力，都对城市开敞空间的文化类型及表现形式起到了引导和约束作用；二是城市开敞空间规划者、设计者的个人艺术素养，也直接决定了城市开敞空间文化的物质载体形态，对文化设施的使用、文化活动的推广产生了直接的影响。

3. 代表案例

城市自然环境作为城市开敞空间的重要依托，决定着城市开敞空间的容量和品质。通过提升环境质量进行城市开敞空间文化建设的此类模式，主要有以下两个目标：一是依托自然生态环境实现城市开敞空间整体质量的提升；二是通过装置环境景观或设计绿地体系，增强城市开敞空间中的趣味性和互动性。斯德哥尔摩作为曾经的工业城市，通过对自然环境系统的治理，已成为世界著名的生态城市。2017年，它被欧洲经济学人智库评为全球宜居城市，2010年被欧洲委员会授予"欧洲绿色之都"[1]称号。斯德哥尔摩通过行政力量改善城市空间质量、激发空间文化活力的经验值得借鉴。

斯德哥尔摩政府大力推动既有公共建筑和公共空间的节能改造[2]，同时采取一系列创新举措来扩大城市绿色开敞空间，从源头处遏制环境污染的危害程度，建立优美舒适的环境体系。首先，在市中心建设多功能复合型的生态居住区来增加城市开敞空间的绿化面积；其次，通过大力改造街道形态来增

---

[1] 李海龙.国外生态城市[J].青海科技，2016（4）.
[2] 李海龙.国外生态城市典型案例分析与经验借鉴[J].北京规划建设，2014（3）.

加步行道和自行车道等可供暂时休憩的城市开敞空间，使每平方千米城市用地的步行道和自行车道长度达到4000米，人均专用自行车道达到1米，在物理空间上大大增加了适宜居民活动的城市开敞空间范围，并摆放了众多形态各异、色彩丰富的长椅及路灯，用艺术设计装点城市开敞空间；最后，政府出台政策鼓励利用存量土地进行精明开发，在全市范围内建设了可达性良好的公园体系，全市公园绿地占城市面积的36%❶，距公园绿地200米范围内居住着约85%的居民，在300米范围内这一数值可以达到90%。❷

斯德哥尔摩主要通过政府规定及城市规划实现了绿色空间的拓展和空间环境的提升，安全、有序、绿色和健康的城市开敞空间环境有助于居民的停留、休憩、参与，为承载文化设施和文化活动提供了平台和依托。

4. 动力效能

提升环境质量模式主要依靠城市空间承载力、城市空间规划力和城市空间促进力作为主要动力，通过政府的规划和政府的管理，将城市空间中自然环境空间及社会公共空间作为主要的作用对象。动力效能旨在提升空间的自然生态活力和社会互动活力，给一草一木、一砖一瓦赋予了新的文化意涵和艺术形态，促进信息流和人流的频繁交互，丰富城市开敞空间的文化氛围。

（三）保护历史遗产模式

1. 模式特征

保护历史遗产模式是城市开敞空间文化创新动力机制中对文化资源进行直接保护与开发的动力模式，以空间发展规划力和空间发展导向力作为主要动力，对文化遗产资源进行创新性发展和创造性转化。通过历史遗迹复原、文化元素搭载等方式将文化遗产资源的保护与城市开敞空间的开发紧密结合，为城市开敞空间的文化提升储备丰富的文化营养。

---

❶ 杨萌，刘冬. 人与城市 [J]. 城市开发，2016（11）.
❷ 雷海，陈智. 斯德哥尔摩绿色发展模式探析 [J]. 中国行政管理，2014（6）：120-123.

2. 动力发生条件

保护历史遗产模式主要的发生条件是政府行政能力的转变。首先，通过转变政府管理思维，敢于突破传统的遗产保护模式，将置于高阁或藏于馆中，抑或逐步消失的文化遗产与城市开敞空间相连接。其次，在文化遗产与城市开敞空间的相互作用过程中寻求方法创新，不再将文化遗产保护看作置于不同位置的展陈展示，而是在新的空间氛围中生发出新的文化形态和文化意涵，并不断在时空中实现累积和发展。

3. 代表案例

文化遗产保护不应仅局限在历史遗迹、物质或非物质文化形态上，而且应将具有历史意义的文化场所也视为文化遗产保护的对象。事实上，历史遗产及其文化元素组成的城市开敞空间已成为城市空间中重要的组成部分。如何在保护历史遗产的同时，在城市中开辟出供文化资源留存和演变的物理空间，并与居住区、商业区和休闲区等融合为多功能的城市空间，美国纽约的高线公园给出了答案（见图6-2）。

图 6-2 高线公园开敞空间

图片来源：周贤荣.公众主导下的城市公共空间复兴——以纽约高线公园的蜕变为例[J].城市住宅，2019，26（1）：163-164.

纽约高线公园原是建于20世纪30年代的空中货运铁道线，80年代被弃用后成为城市空间中不和谐的乐章。1999年，设计师致力于将其打造成高线公园，并通过工业材料的使用强调高线公园曾经的历史身份，通过文化小品构建出别具一格的文化景观。同时，公园内着重建设了鼓励公民停留、休憩、交谈和互动的区域，如阶梯式座席草坪、观景台、花园、长椅和林地立交桥等区域，能够供使用者享受日光浴、举办家庭野餐、观赏景观等。2005年，在保护原有街区使用逻辑的前提下，为提高高线公园的可达性和使用率，纽约市政府参照高线的历史发展轨迹对周围区域进行了重新划分。过去十余年间，高线附近人口增长率超过60%[1]，成为纽约地区发展最快、最具活力的街区。自2006年起，高线周围新许可的建筑项目成倍增长，至少已经开启了29个重要发展项目。这些项目带来了超过20亿美元的私人投资和1.2万个就业机会，成为工业历史遗迹活化再利用的成功典范。

高线公园的成功之处：其一，高线公园的强互动性实现了城市开敞空间与社会生活的紧密连接，显著的非排他性和可达性使其能够服务更广泛的民众。其二，废弃工业遗产的活化使其具有创造性的光芒，深厚的历史关联性使高线公园具有高度的可识别性。同时，高线公园作为历史文化标识，对空间活化、城市复兴、创意转化起到了助推作用，成为刺激投资的有力催化剂。

城市空间中对文化遗产的保护和传承始终位于政府工作的重要位置，城市开敞空间成为让历史遗迹走出博物馆、走入大众生活的重要场所，同时也是让历史遗迹与居民生活之间破除阻隔的有效手段。文化遗产深厚的文化内涵，为城市开敞空间注入了源源不竭的创新动力。

4. 动力效能

城市开敞空间文化创新动力机制中的保护历史遗迹模式，不单单是利用行政力量进行遗产的保存和完善，更重要的是要将历史遗迹以更为鲜活的方

---

[1] 秦朗. 城市复兴中城市文化空间的发展模式及设计[D]. 重庆：重庆大学，2016.

式融入人们的生活实践中去。这一过程依托空间拓展方式决定力和空间发展导向力为主要动力,将束之高阁的文化遗产转化为生活中可知可感的互动对象,丰富居民日常的公共文化生活,同时也使城市开敞空间文化更具深度和广度。

第二节 行为培育模式

一、行为培育模式概述

行为培育模式是现代城市开敞空间发展中最活跃的动力模式,同时也是影响力最大的动力机制模式。这一动力模式主要指的是通过企业或个人直接或间接的经济行为等媒介,以追求经济利益为主要动力的城市开敞空间文化建设和场景营造的模式。

世界范围内掀起工业化浪潮之后,市场经济逐步兴起、商品种类日益丰富,人们对文化产品和文化服务的需求逐步凸显,自此城市开敞空间文化建设的理念从资源开发型转向市场需求型。企业或个人在城市开敞空间中的文化实践行为是在市场需求的引导下逐步培育的,并且在很大程度上影响着城市开敞空间的文化供给。通过参与文化活动、使用文化设施,吸引人际互动频繁发生,塑造城市开敞空间文化多样化的态势,从而在城市开敞空间中形成良好的经济效益和社会效益。因此,准确把握居民的文化需求,提供可供大众参与的有深度、有趣味的文化产品和文化服务,能够激活城市开敞空间文化张力的最大效能。城市开敞空间文化创新动力机制中的行为培育模式,主要分为升级消费行为模式和培育社会交往模式。

二、行为培育模式运行机制分析

行为培育模式的作用机制：导入城市文化—激活市场需求—引领创意构思—鼓励城市开敞空间实践行为—影响文化设施和文化活动方式与内容—改变空间形态、增加互动交流—获得经济效益和社会效益—城市开敞空间文化发展—城市地位巩固（见图6-3）。

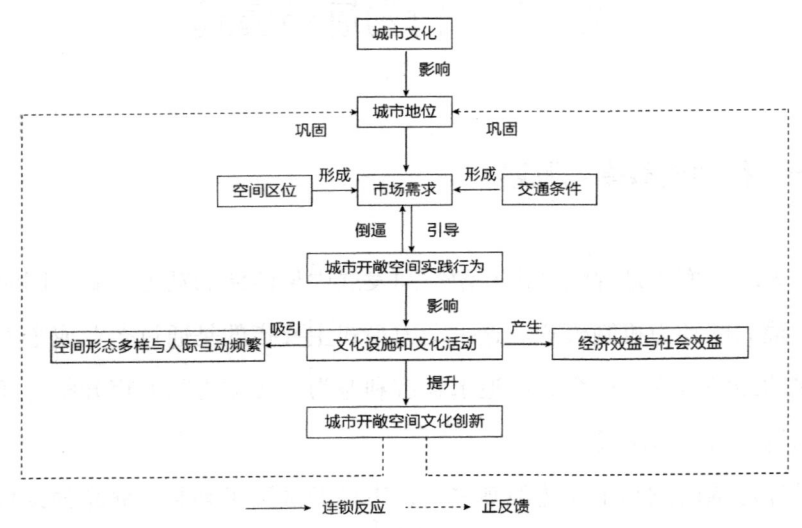

图6-3 行为培育模式运行机制

三、行为培育模式具体运行路径探析

（一）升级消费行为模式

1. 模式特征

城市经济规模的大小，往往决定了高频利用的城市开敞空间规模的大小。因此，经济的发展、利益的驱动是城市开敞空间规模扩张、运营方式转变的直接动力。此类型的动力机制模式通过空间外溢性与周边的产业做连接和黏合，或逐步完善空间中已有的产业链，形成功能互补、业态互补的分布格局，在城市开敞空间中实现资本的交流和人群的互动，并使之转化为显性的经济利益。

2. 动力发生条件

城市开敞空间文化创新的重要组成部分是文化经济的创新，具体指的是文化作为资本成为市场经济不可或缺的补充和动力。此类型动力机制模式的运行机理主要以空间规模扩张力和空间结构优化力为主导动力。具体而言，在市场限制较少、市场活力较强的空间区域内，能够自发或有组织地形成产业集聚。通过消费业态凝聚起的文化创意氛围，吸引第三产业或高新产业集聚，最终达到调整产业结构、优化生活方式、提高经济效益的目的。

3. 代表案例

城市开敞空间的文化复兴往往需要市场的活化、利益的驱使及广泛的参与。其中，对于经济收入的追求是诱发城市开敞空间文化发展、推动消费结构转型升级的强力推手。坦普尔街区空间活力的打造是经济驱动空间复兴的典型案例。

坦普尔街区位于历史文化名城都柏林的两个主要商业中心之间，占地超过13万平方米。坦普尔街区很好地保留了中世纪街区的原始风貌，东西向约730米长，南北向宽度约为200米。铺着鹅卵石的狭长街道两旁，坐落着不同时期留下来的三到五层小洋楼。在这里，古老与现代完美交融、和谐共存，成为都柏林文化消费的集中地。文化机构、博物馆、酒店、艺术画廊、电影院、餐厅彼此错落，形成一片欣欣向荣、生机勃勃之势。目前，街区内有商业机构400家，文化团体50家以上[1]，浓厚的文化气息成为培育文化消费习惯的沃土。随着街区文化魅力、商业效益的逐步凸显，坦普尔街区的保护和发展影响着世界其他地区文化街区的发展道路（见图6-4）。

---

[1] 秦朗. 城市复兴中城市文化空间的发展模式及设计[D]. 重庆：重庆大学，2016.

图 6-4　坦普尔街区的繁荣景象

图片来源：石燕学.一个旧街区的重生——从都柏林坦普尔吧街区改建看旧城改造[J].城市住宅，2007（11）：82-88.

坦普尔街区也并非生而繁华，20世纪中叶随着印刷业、出版业的相继落寞，一时间坦普尔街区失去了赖以生存的经济支柱。产业空间限制、失业率居高不下、环境逐步恶化，街区逐步衰退。直到20世纪80年代中期，通过对街区物理场所的改造，在步行街上安排了一系列旨在激活社区活力的元素，如诸多文化设施和小型休闲场所，建设小巷和拱廊商业街，设计弧线形街道等，提高了街区与城市其他开敞空间之间的渗透性。另外，在空间中举办文化活动也是行之有效的策略之一。街区东西步道的核心区域有两个被废弃的广场，每逢周六会在坦普尔广场（Temple Bar Square）和议事厅广场（Meeting House Square）举办食品集市。市民不仅可以在这里买到新鲜的绿色瓜果蔬菜，还可以品尝到当地传统的特色美食。每年夏天，坦普尔广场还会为独立制片人提供放映作品的舞台，形成固定的电影季。周末时，坦普尔广场还会举办书市，促进图书及文创周边商品的展示和销售。在丰富多彩的文化活动的催生下，街区终于又重现往日的活力。

4. 动力效能

城市开敞空间文化创新发展的过程中，利益的直接驱使是空间复兴的重要手段。通过文化创意的积极导向，推动区域经济结构的转型升级，在多元产业相互补充、相互联动的过程中，培育居民文化消费的意识和需求。基于此，城市开敞空间文化变革实现了生活方式的变革。同时，生产实践和生活方式的变革也会对城市开敞空间文化创新进行反哺。

（二）培育社会交往模式

1. 模式特征

培育社会交往模式体现出城市开敞文化创新中行为培育模式的典型特征，以社会组织和当地民众为动力主体，通过社会交往行为直接对城市开敞空间的文化形态进行了有力的塑造。在此过程中，经过教育、培训和交流等活动形式，逐步培养起市场中多元受众的消费素养和消费习惯。受众的社交习惯反过来又能促进城市开敞空间中文化活动、文化设施的品质提升，最终形成稳定、有序的文化市场，实现城市开敞空间文化创新的持续演进。

2. 动力发生条件

城市开敞空间文化创新动力机制中的培育社会交往模式，需要一定的经济推动力和社会制约力来实现机制的正常运行。主要的动力作用为空间结构优化力、拓展方式决定力和空间发展促动力，它们主导了城市开敞空间文化创新受众的类型和规模。这种机制模式的触发条件是住建和谐的社会氛围和经过文化熏陶的广大受众彼此之间的碰撞与交流，经激发出的城市开敞空间文化创新的活力。

3. 代表案例

城市开敞空间文化创新动力机制中最具有生机的模式：通过对受众文化感受力、文化鉴赏力的培育，从而营造出有形的文化市场和社会氛围。冰岛作为曾经破产的国家，在 2016 年发布的《全球创新指数报告》[1]中显示，它已一跃成为全球第 13 个最具创新力的经济体，这有赖于冰岛音乐席卷全球的崛起地位。冰岛在改造自然环境、传播历史风俗、培育公众教育、举办大型活动等方面，均取得了显著的成绩。

冰岛虽然只有 30 余万人口，却有着 90 多家音乐学校。从学前班开始，冰岛的教育就极其重视音乐，音乐几乎是一门必修课。根据冰岛教育、科学与文化部门 2009 出版的一份报告显示，冰岛的八成人口曾学习过乐器。该报告还指出，音乐学校普遍要比其他艺术学校享受更高的社会地位和声望。对音乐的尊重也促使冰岛成为音乐人才的摇篮。基于冰岛独特的冰川及温泉地貌，音乐不仅成为冰岛国民日常生活的一部分，更成为牵引世界音乐爱好者足迹的桥梁。到目前为止，依托冰岛优渥的城市开敞空间条件，已经形成了贯穿全年的系列音乐节。2017 年，冰岛接待全球游客达到约 100 万人次，而十年前这一数字仅为 30 万人次。冰岛最重要的音乐盛事当数每年 11 月在首都雷克雅未克举办的电波（Airwave）音乐节（见图 6-5）。这个在 1999 年从一家废弃的飞机仓库中起家的音乐节，如今早已成为冰岛乃至全球最盛大的音乐节之一。2017 年，该音乐节吸引了全球 215 支乐队进行表演，包括 The Rapture、Florence and the Machine 等大牌乐队。加上到访的上百家媒体和数万乐迷，冰岛的人口数量在音乐节期间相当于在原本基础上增加了 1/5。音乐节创办的第七年，参与电波音乐节的游客仅在首都就带来 225 万欧元的消费，而随着电波音乐节在世界范围内知名度的提升，在 2011 年这个数字增长了 82%。诚如《滚石》杂志的评论，冰岛电波音乐节"已经成为音乐节年历上最潮的周末"。

---

[1] 《全球创新指数报告》于 2007 年首次由欧洲工商管理学院（INSEAD）启动，涵盖了全球 132 个经济体，这些经济体占全球生产总值的 96% 和全球人口数的 91%。该报告是目前国际上关于创新对竞争力和增长影响最全面的评估研究之一。

图 6-5　冰岛电波音乐节

图片来源：林澄. 小城热都雷克雅未克 [J]. 产城，2019（2）：80-81.

电波音乐节的重要性也已经远远超越了音乐本身，对于音乐市场、文化创意市场，甚至文化旅游市场都起到了良性的带动作用。一直以来，冰岛的旅游季高峰一直集中在 6—8 月的极昼时节。彼时，冰岛日照时间充沛，适合游山玩水和旅游观光。而电波音乐节却设立于 11 月极夜开始之时，时间的选择体现了创立者独到的考虑。它将冰岛的旅游季延长至较为冷清的极夜，为枯燥无聊的社会生活提供丰富多元的文化产品和节庆赛事。沿袭同样的思路，冰岛又在 1 月设立了极夜音乐节（Dark Music Days），吸引游客前来观赏极光的同时参加热闹的音乐节。而且，音乐节的场地也不再局限于首都，而是分散在冰岛各地，从而带动整个冰岛旅游业的发展。比如，荒郊野岭（Extreme Chill）音乐节就在具有冰川景观的小镇海德利桑德展开。因一项国民爱好的培育，带动整个国家户外音乐节的鼎盛；因城市开敞空间中文化活动的兴起，带动 GDP 中文化产业占比超过 4%。冰岛的音乐教育和音乐盛会成为受众倒逼市场发展的典型案例。

4. 动力效能

在行为培育模式的子模式培育社会交往模式的运行中，主要依托市场文化氛围的建设和受众艺术教育的普及，二者缺一不可。一方面，随着文化市场的不断壮大，文化活动逐渐涌现，文化设施逐渐完善，为居民感受艺术、学习技能提供了便利。另一方面，随着受众的艺术教育程度不断提高，实现了创意阶层的空间凝聚，为文化市场的形成奠定了坚实的基础。

第三节 精神引领模式

一、精神引领模式概述

城市开敞空间精神要素指的是城市开敞空间精神特征与社会氛围的整体表征，是城市开敞空间向外界所展示的文化形象。城市开敞空间精神要素是全方位的、全局性的，因此具有十分丰富的内涵和外延。它既包括向外界传递的精神风貌和空间氛围，又包括空间内部的道德规则、科技含量和教育方式等方面。

城市开敞空间的精神水平主要通过两方面来体现：一方面是城市开敞空间所体现出来的艺术审美水平；另一方面是城市开敞空间营造出的社会氛围的包容度。城市开敞空间的精神文化形象作为"注意力经济"，已然成为空间发展的显性因素。根据国内外调研可知，具有较高精神文化水平的城市开敞空间总是给人留下先入为主的好印象；反过来，城市开敞空间的精神意涵又对物理场所的设计和实践行为的展开提供了源泉。比如，具有鲜明艺术审美形象的城市开敞空间，会在设计空间环境、建设文化设施、举办文化活动和美化自然环境等方面融入空间精神元素，以实现物质形态与精神意涵的相互协调、相互统一。城市开敞空间文化创新动力机制中的精神引领模式，分为艺术审美引领模式和社会氛围带动模式。

二、精神引领模式运行机制分析

精神引领模式的作用机制：城市空间中自然资源和人文资源在城市文化的引领下相互碰撞、相互交融，最终形成相对稳定的城市开敞空间精神状态。通过对艺术审美地标和整体社会氛围的完善和优化，对访客及投资商形成注意力吸引。随着访客口碑的积累和经济投资的增加，反过来带动城市开敞空间的文旅产业、场所建设。通过城市开敞空间精神意涵的提炼与反馈，实现城市开敞空间文化创新的目的（见图6-6）。

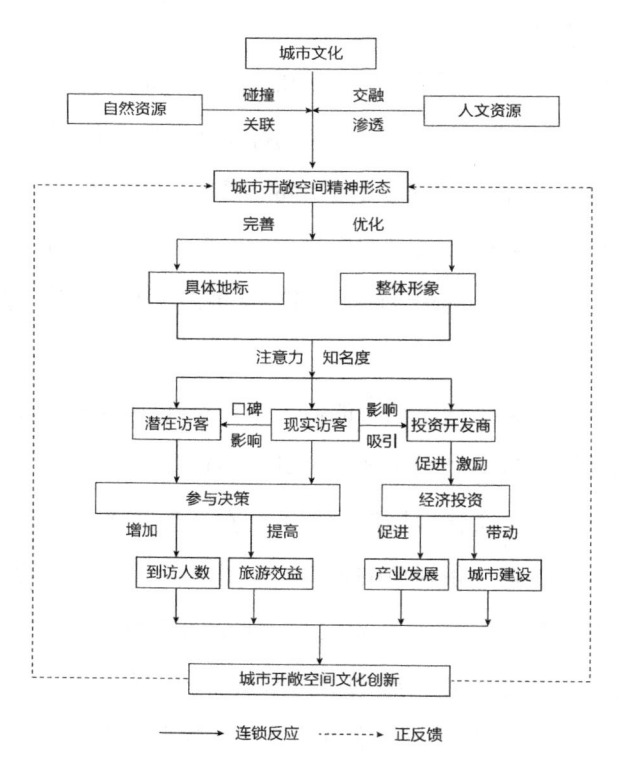

图 6-6 精神引领模式运行机制

三、精神引领模式具体运行路径探析

（一）感召艺术审美模式

1. 模式特征

感召艺术审美模式属于精神引领模式的子模式，通过丰富城市开敞空间的精神意涵，赋予城市开敞空间文化形态丰富内涵的过程，属于注意力经济的范畴。城市开敞空间中所包含的具体地标形态多样，既可以是一栋建筑物、大型广场和城市天际线，也可以是一条长椅、一面墙和一座雕塑。城市开敞空间中因循网红地标的空间路线，实现旅行人数和旅行投资的增长。城市空间中的突出地标具有天然属性和人为属性，可以通过后天的人工建造和文化营造提升文化感召力。

2. 动力发生条件

感召艺术审美模式的触发重点依托城市开敞空间的支撑作用，受到空间形态塑造力的影响。不是任意一处城市开敞空间都能够成为城市地标，更不用说城市文化地标。可以说，地标性的城市开敞空间需要具有独特性、艺术性和宜人性等特征，特别是在文化叙事方面需要具有过人的吸引力。同时，城市开敞空间的交通条件、可达性、基础设施的建设情况，都影响着艺术审美感召模式的运行机制。

3. 代表案例

在城市开敞空间文化创新动力的研究中，文化地标的吸引作用是值得被重视的。公众因循心目中对文化地标及其周边产品的消费热情，会直接带动到访行为和消费行为。文化地标的物理空间存在形式多样，既可以是一栋有特色的建筑，也可以是一条绿色的长廊，或是一座历史悠久的广场，还可以是一幢价值非凡的博物馆。无论文化地标的物理存在形式的显性特征如何，其背后的文化内涵及艺术审美驱动力，才是引导公众与地标、公众与社会、地标与社会之间的相互作用。其中较为典型的案例是斯里兰卡《千与千寻》小火车掀起的动漫回溯之旅（见图6-7）。

第六章 城市开敞空间文化创新动力机制的具体模式

图 6-7 斯里兰卡《千与千寻》小火车原型

图片来源：赵明月，朱梓烨. 相比马尔代夫：风景不逊，人文更佳斯里兰卡："穷游者"的天堂 [J]. 中国经济周刊，2013（36）：76-77.

《千与千寻》是日本漫画家宫崎骏执导的著名动画电影，于 2001 年 7 月 20 日在日本上映，获得第 75 届奥斯卡金像奖最佳动画长片奖和第 52 届柏林电影节金熊奖，成为电影史上第一部获得国际电影节最佳电影奖的动画作品。随着动画电影的深入人心，电影中的场景也成为电影"粉丝"及旅游爱好者趋之若鹜的探访之地。其中最著名的小火车场景取景地，把斯里兰卡这颗印度洋上的珍珠擦亮了。斯里兰卡的沿海小火车已具有百余年的历史，早在英国殖民时期为了运输茶叶修建了纵贯茶园和海面的运输铁路，并一直沿用至今。斯里兰卡这段海上小火车是沿着海岸线从加勒开往首都科伦坡，沿途美景如画。印度洋的海浪在远处翻腾，一路途经农庄、田地、高山和茶园，被权威旅行杂志评为"全世界最美的火车线路"，女主角所乘坐的沿海小火车成为真正意义上的网红地标。2018 年斯里兰卡旅游收入月最低点为 24 亿美元，其中 12 月到来年 3 月、暑假中的 6 月和 7 月旅游收入均达到 40 亿美元以上，这条沿海绿色长廊成为斯里兰卡国民收入的重要组成部分。据统计，2018 年斯里兰卡旅游就业率占比达到 11%，在火车车厢内及沿途行驶中形成的城市开敞空间，以流动型、体验型的城市开敞空间代替了静置的城市开敞空间，这种创新型的艺术场景体验，满足了到访者的精神需求，契合了文化旅游的体验偏好。

4. 动力效能

感召艺术审美模式的主导动力是空间形态塑造力和空间发展承载力，一方面是推动力，另一方面是制约力。文化地标受到城市开敞空间的改造，反过来也对城市开敞空间的物理形态进行二次形塑；文化地标的形塑受到周边城市开敞空间的制约，反过来也受到了周边环境承载力的影响。唯有文化地标与周边城市空间和谐融合，讲述较为完整的文化叙事、提供独特的文化体验，才能形成吸引人的城市开敞空间形态，成为提升文旅融合质量的抓手。

（二）带动社会氛围模式

1. 模式特征

带动社会氛围模式旨在将一定区域内的城市开敞空间相互联动、整合运作，打造统一的城市形象符号，培育具有相似主题、相互配合的社会文化氛围。此类动力模式强调的是空间文化意涵和空间结构布局的融合，并不会过分突出某一个城市开敞空间的功能性。在依靠社会氛围带动而发展起来的城市开敞空间中，往往具有质量较高的基础设施建设，用以提供物质支撑和环境支撑，为文化消费和文化投资提供和谐的社会环境。

2. 动力发生条件

本书提及的城市形象泛指城市开敞空间中的人文特征和地质风貌，简单来说就是风格和面貌。此类城市开敞空间文化创新动力机制运行的前提是风格独特、面貌宜人，这就给城市开敞空间提出了两点要求：一是城市开敞空间的整体氛围具有某种相近的文化属性，可以凝结成相对统一的城市主题；二是城市中大部分开敞空间的可达性、可视性较高，能够较为容易地形成视觉和感官上的整体刺激。此类城市开敞空间文化创新动力模式旨在通过提取文化主题，形成突出的城市文化形象。

3. 代表案例

除了某一标志性的城市开敞空间可以作为独特的城市文化形象，一座城市的整体设计和整体氛围也能够营造出尺度不同、形状各异，但又无所不在、让人置身其中的城市文化形象。西班牙的第二大城市巴塞罗那是享誉世界的地中海风光旅游目的地和世界著名的历史文化名城，素有"伊比利亚半岛的明珠"之称，是西班牙著名的文化古城。

首先，巴塞罗那的著名建筑均是19世纪中期至20世纪中期修建的众多现代主义风格（Modernismo）的建筑，为城市开敞空间增添了许多亮点。这里孕育出了著名的建筑设计师安东尼·高迪（Antoni Gaudi），其一生创作的众多作品中，有17项被西班牙列为国家级文物，8项被联合国教科文组织列为世界文化遗产，它们将巴塞罗那这座南欧海滨城市的每一块城市开敞空间都打造得巧夺天工。游客在巴塞罗那漫步，眼睛会不自觉地被安东尼·高迪的作品所吸引，虽然不确定这里每处具体坐标的名称，但是你知道被梦幻建筑包围的城市一定是巴塞罗那。其次，巴塞罗那纵横交错的小巷和转角不经意豁然开朗的小喷泉、小广场，不仅为艺术品商店、文创商店、艺术培训机构提供了经营空间，更重要的是为艺术爱好者提供了创作和交流的空间。无数有艺术梦想的年轻人踏上了这片土地，用他们的琴声、歌声、画笔和颜料组成城市开敞空间中流动的艺术元素。从古埃尔公园到拿破仑雕塑所指的黄金海岸，沿路被优美的自然环境和赏心悦目的艺术作品带领，无不从细微处体现着这座浪漫城市的小巧思。也正是这些文化艺术的绵延和点缀，由点及面地汇聚起巴塞罗那宜人、浪漫、艺术的整体空间氛围。

4. 动力效能

城市形象作为城市开敞空间的整体意象，代表着城市文化内涵和文化价值观的外在形象。在城市空间发展促动力和空间形态塑造力的作用下，带动社会氛围模式主要依靠文化旅游的拉动来实现动力机制。一方面依靠城市文化氛围对目标受众及潜在受众的吸引，另一方面依托城市文旅融合的契机对文化投资的吸引，使人和物达到在空间上的集聚。随着人流和资金流、信息流在城市开敞空间中自然流淌、频繁互动，前者反过来成为城市开敞空间文化创新的主体，进一步丰富城市开敞空间的整体形象。

第四节 制度促发模式

一、制度促发模式概述

社会是由人与人形成的关系总和。人类的生产、消费、娱乐、政治和教育等，都属于社会活动的范畴。我们可以说，社会是共同生活的个体通过各种各样关系联系起来的集合。那么，社会空间就是所有社会关系集合的承载体，也就是英国著名地理学家约翰斯顿所说的"社会群体感知和利用的空间"，在该空间中能够反映出社会群体的价值观、偏好和追求等。

在制度动力机制模式中，城市开敞空间的发展动力主要是上文中提到的社会互动制度的形成和社会氛围的营造。城市开敞空间不仅仅是一个休息的地方，也不仅仅是打卡的城市地标，它更多地成为社会群体相互交融、相互联结的场域。这就要求城市空间的设计者和建设者根据城市文化发展的方向，通过创意性的资源整合，调动起多元社会力量，积极营造适合不同群体自我提升、相互交流的场所，推动城市开敞空间的发展。

二、制度促发运行机制分析

城市运行过程中各类型正式或非正式的社会组织，构成了城市开敞空间建设中的重要主体，尤其是社会力量参与城市建设已经成为城市经济增长的新趋势。社会运作模式的机制是鼓励、支持社会组织的成立和发展，调动最广大的社会力量参与到城市开敞空间文化创新的营造中来。随着个人提升和交往互动的需求逐步强烈，促发城市开敞空间的形成，并在一定频率的社会互动之下，实现居民个人技能增长、信息获取和身份认同，进一步推动了人力资本和社会资本的积累。通过社会组织参与开敞空间建设的社会制度的逐步确立，进一步促进城市开敞空间文化创新，特别是文化创新中的制度创新。城市开敞空间文化创新社会制度的稳定，反过来又会推动社会组织的进一步发展和壮大（见图6-8）。

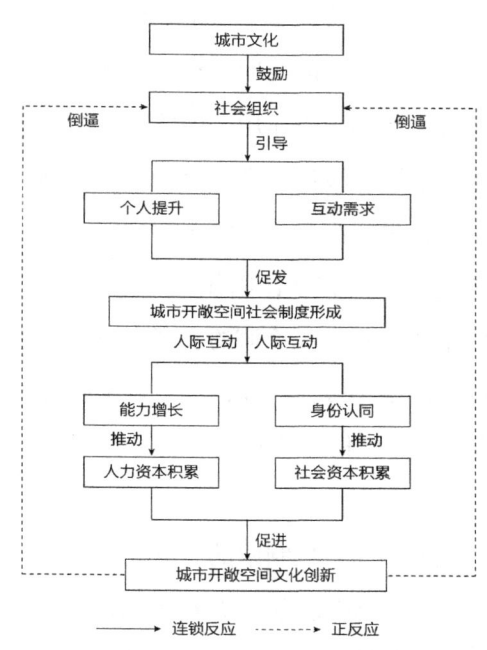

图 6-8 制度促发模式运行机制

三、制度促发模式具体运行路径探析

（一）创新组织形式模式

1. 模式特征

制度促发模式是城市开敞空间文化创新动力机制中作用主体范围最广、数量最多、作用模式最为多样、行为触发最为随机的动力模式。居民及其组成的社会组织既是制度促发模式的作用主体，又是作用对象。居民自身素质直接作用于城市开敞空间，对其空间形塑和价值负载具有重要的影响作用。因此，创新组织形式模式的主要动力是居民与城市开敞空间互动过程中自我能力、个人技艺和生活经验的提升，紧接着居民又将个人能力和技艺反哺于城市开敞空间的文化创新建设。

2. 动力发生条件

创新组织形式模式的触发需要以下三个条件。一是城市中社会组织的出现。社会组织是由居民建立起来的共同活动的集体，具有正式化的趋势，对居民的行为具有一定的引导和约束作用，能够积极组织居民参与城市开敞空间文化创新活动。二是居民对城市开敞空间中社会互动的正确认识。社会交往是马斯洛需求层次中精神层次和个人实现层面的明确要求，需要被正式纳入公共文化服务体系建设中。日常休闲休憩、互动娱乐并非无意义的消遣，其实是对文化生活的丰富、对个人价值的实现。三是营造城市开敞空间的迫切需求。作为文化创新的空间载体，建设和发展文化设施、文化活动、基础建设是保障居民平等交流、轻松互动的先决条件。

3. 代表案例

城市开敞空间文化创新动力机制中的制度促发模式，主要强调的是以社会力量为文化发展的主要文化驱动力。具体到自我提升这一类型的动力模式，可以理解为是居民对个人技能提升的欲望和需求，催生了城市开敞空间文化的创新和发展。澳大利亚墨尔本皇家植物园的建设和发展，就是以公众的求知欲为主要成长动力，不断在自然环境建设和科教活动开展等方面向前探索。

皇家植物园建于 1845 年，占地面积 40 万平方米，是澳大利亚评价最高的植物园之一，也是全世界设计最好的植物园之一（见图 6-9）。植物园参照 19 世纪园林艺术的布置，至今保留着 20 世纪的建筑风貌，园内种植了大量罕见的植物和澳大利亚本土特有的植物。目前植物园已汇集了全球 12000 余类、30000 多种植物和花卉。这里有澳洲所有原产植物和花卉种类，还培育出 20000 余种外来植物。植物园内最著名的是澳洲花园，最大限度地展示着澳大利亚的本土风景、本土民情和本土植物。澳大利亚作为一个多元化的国家，先后经历了原生土著时期、英国殖民时期和自身觉醒时期，居民对不同时期的文化历史、城市环境的好奇感十分强烈。因此,在澳洲花园内,建设者煞费苦心地将自然景观与人造景观和谐共生,尽可能地还原不同时期的文化形态。在这个以科教为主要目的的展览园中,向公众提供一种名为"解释性体验参与植物收藏"(Interpretive Experience in Plant Collection)的活动。

图 6-9 墨尔本皇家植物园

图片来源:阎姝伊,郑曦. 植物园科普教育系统规划设计探析 [J]. 中国城市林业,2018,16(3):52-56.

到访者在专业讲解员的带领下可以沉浸式地学习植物知识,漫步其中,犹如回到了一个多世纪以前的城市花园之间,体验着澳大利亚广袤土地上的景观变化。迄今为止,墨尔本皇家植物园每年吸引160多万名游客前来观赏,成为这座城市众多文化遗产中的瑰宝,也是墨尔本文化生活弥足珍贵的一部分。皇家植物园提高了居民对生物知识、国家历史的渴求,并组织了相应的科学教学活动,提供了可供观赏娱乐的环境氛围,实现了居民学习新知、收获经验的目的。

4. 动力效能

创新组织形式模式的主要特征是通过城市开敞空间中的人际互动，满足居民对个人能力、生活经验和社会技能的需求，实现人力资本和社会资本的积累，进而丰富城市开敞空间文化创新的内容。最终，通过居民的个人实现，塑造大量的文化价值观和文化传承制度，推动城市开敞空间文化创新的发展进程。

（二）激发互动交往模式

1. 模式特征

激发互动交往模式的主要动力是当地居民与潜在访客之间信息流、能量流的交互，同时也是本土文化与全球文化的交流。通过信息和能量的流通，加强居民的自我认知和身份认同，达到激发互动交往模式的主要目标。基于人际互动交往的随机性、广泛性和同质性，互动交往运营模式往往作用于相似群体的集聚或基于特定目的相互作用的不同群体，群体内部的文化功能及个人情感联结往往较为紧密。

2. 动力发生条件

激发互动交往模式的触发条件最重要的就是社会资本的积累。社会资本是个体与团体之间的关联，具体指存在于人际关系结构中的社会网络、互惠性关联和由此产生的信任。城市开敞空间文化创新机制中激发互动交往模式的运行动力来源，是居民个人的身份认同和社会归属感，两者存在的前提主要依靠社会资本在空间中的凝结来实现。

3. 代表案例

激发互动交往模式的动力主体中社会资本起到了突出的作用，其中不同教育背景、不同行业领域、不同种族语言的群体相互联系，加强了众多社会元素的交织，形成了互动包容的社会氛围。可见，城市开敞空间中不同群体的互动交往是推动城市开敞空间文化繁荣的重要推手。丹麦哥本哈根的超级线性公园（Superkilen Park）作为建筑、景观和艺术的结合体，是一个半英里长（约805米）的城市开敞空间，贯穿丹麦最具种族多样化和社会挑战性的街区（见图6-10）。超级线性公园是少数能够将作品展陈、休闲休憩、娱乐运动和创意消费等功能彼此融合的城市多元开敞综合体，在世界范围内也是城市多元性超现实主义集合的典型案例。

图 6-10 丹麦哥本哈根超级线性公园俯瞰

图片来源：吕小辉，李启，何泉. 多维视角下城市公共空间弹性设计方法研究 [J]. 城市发展研究，2018，25（5）：59-64.

超级线性公园被设计为三个区域，三个色彩鲜明的区域分别有着自己独特的文化氛围和空间功能：红色区域为相邻的体育大厅延伸出来的文化体育活动空间；黑色区域为设置了丰富文化设施的天然聚会场所；绿色区域为大型景观娱乐互动区域。作为城市中最佳的作品展览空间，三个区域中巧妙放置了来自世界不同种族的日常用品，并用丹麦文和当地语言标注物品的出处和用途。在这里你可以体验到：切尔诺贝利的滑梯、伊拉克的秋千、印度的登山运动场、牙买加的音响、巴西的长椅、英国的经典铁铸垃圾桶、中国的棕榈树、日本的樱花树、利比里亚的雪松、保加利亚的野餐桌、阿根廷的金属烤架、挪威的自行车架、卡塔尔和俄罗斯的霓虹灯等设施，让每一位当地居民和旅行者都能够在公园中找到文化认同和交往互动的起点。除了作品和设施的陈列和使用，公园会定期组织文化体育活动和创意市集，实现了从物的融合到人的融合的过渡过程。超级线性公园成为城市社会交往的延伸，激发并培育了居民相互交往、日常互动的习惯和需求，为城市开敞空间文化创新能力的培养和文化创新目标的达成提供了动力和保障。

4. 动力效能

本书中的城市开敞空间文化创新动力机制，主要着眼于微观层面和中观层面的社会资本研究，激发互动交往模式主要探讨的是，个体行动者的社会关系特征及其自身社会地位状况与其所能获取的社会资本之间的互动影响。也就是说，这一类型的动力模式意图厘清：人际互动实现信息交换，在信息丰富的社会环境中完成自我接纳与准确认知，随着社会归属感的提升带动社会责任感，而社会责任感更能直接推动城市开敞空间文化的制度形成和制度创新。

第七章 我国城市开敞空间文化创新的现存问题与实现路径

第一节 我国城市开敞空间文化创新的现存问题

近年来,我国城市开敞空间的文化建设热情空前高涨。根据国家统计局的官方统计数据显示,我国大部分城市的绿化面积、广场数量和公园数量均呈现缓中有升的趋势,文化基础设施则呈现大跨越的发展势头。可见,城市开敞空间在城市规划中的作用逐步凸显。在大力建设的繁荣景象背后,我们需要冷静地看到背后存在的深层次问题。

一、城市开敞空间物质创新基础薄弱

(一)城市开敞空间缺乏特色

激发城市开敞空间特色元素是此空间区别于彼空间的重要区分原则,同时也是彰显独特城市文化的外显手段。目前,城市开敞空间特色缺乏主要体现在空间分布和功能层次两个方面。

1. 城市开敞空间分布程式化

我国很多城市大面积的城市开敞空间是在市政府门前,形成了具有中国特色的"政府门前必是人民广场"的空间布局。与此同时,大量城市开敞空间坐落于城市商业区和闹市区,而贴近人们日常生活的城市开敞空间往往缺位,如居住区的健身器材区、地铁站、街道旁、商场地面层的对外空间、滨

水绿地公园等尚未得到有效的开发和营造。

2. 城市开敞空间功能层次单一

我国很多城市开敞空间只发挥单一的观赏和休憩功能，并未实现复合的空间功能。一批城市广场的设计堆砌元素和手法，人性关怀不足，公众使用不便。这些文化荒漠造成了城市空间文化活力的死角，往往占据着城市空间中不小的比例，消耗了政府巨大的维护成本。当城市开敞空间中功能层次较为单一时，空旷而乏味的大片硬质地面或自然绿地，很难将不同年龄、不同背景和不同需求的使用者长时间留在同一个场域之内，也就无法丰富城市开敞空间的形态特色和功能特色。

（二）城市开敞空间破坏历史遗产

城市开敞空间是城市历史遗迹的物理保存媒介，是城市历史文化培育的天然土壤，不能够也不应该割裂历史文化遗产的连续性和完整性。

1. 城市开敞空间割裂历史遗产的连续性

文脉断裂、千城一面、过分崇尚现代、当地文化元素稀缺，成为当下城市开敞空间中提升空间品质面临的较大困境。从更高的标准来看，城市缺乏整体的保护体系和丰富的空间层次，使城市中文化遗产与现代交融的这部交响乐显得单薄并缺乏力度。以西安为例，虽然其文物古迹和地下遗存足以震撼世界，但是开发企业却在曲江池遗址修建了旅游轻轨，轻轨路线贯穿历史文化遗迹，连接起唐城墙遗址、大雁塔和曲江遗址等，使城市开敞空间被割裂，与周围仿唐建筑群格格不入，破坏了原有的空间氛围。

2. 城市开敞空间破坏历史遗产的完整性

我国一些城市推崇"推倒重来"的建设思路，在经济利益的驱使下，用大尺度商业广场、商业街道取代珍贵的历史遗存。走在钢筋水泥搭建的城市空间中，看着与世界各地无异的高楼大厦、商场街巷，对城市的认同感和包容度并无法在城市开敞空间的形态沿袭中找到熟悉的历史基因。

（三）城市开敞空间环境系统不完善

1. 城市开敞空间中基础设施建设不完善

城市开敞空间中文化基础设施存在的问题，主要体现在数量不足和供给能力较弱两方面。首先，目前我国城市开敞空间中文化基础设施的数量严重不足，与人民日益增长的文化需求不匹配。事实上，高品质的城市开敞空间环境系统并非需要多大的体量，常常一把长椅、一座袖珍花园和一池清泉都能传递出空间对人性的关怀。而对北京元大都城垣遗址公园的调查结果中显示，一些地块每 10000 平方米不足 10 个座位，人们对设施的满意度只有 63.2%。[1] 其次，我国城市开敞空间的标准化、人性化程度有待提高，对弱势群体、特殊人群的需求存在着忽视现象。比如，很多城市开敞空间并未配套建设轮椅使用者所需的残障设施或视觉失明者所需的盲道。在城市开敞空间的基础设施建设中的进入条件、设施细节等方面并未给更多人提供较为完善的保障。

2. 城市开敞空间中自然环境没有实现均等化

自然环境系统属于城市开敞空间中的公共资源，具有所有公民公平享有的权利，应当在空间分布、景观设计水准等方面实现真正的公平。但是从目前自然环境系统的发展现状来看，仍然存在着分配不均等的问题。一个原因是自然资源禀赋造成的先天不平均，城市开敞空间的分布具有随机性，文化背景、使用习惯、辐射人群的不同，都对城市开敞空间自然环境的偏好产生影响。另一个原因是人为建设造成的城市开敞空间分布态势不平均，城市空间中的自然环境体系是稀缺资源，成为利益追逐的对象。目前个别地方仍然存在阻碍普通民众享受城市开敞空间优美自然环境的均等化权利的问题。

---

[1] 陈云文. 城市公园绿地环境——行为研究初探[J]. 北京：北京林业大学，2004.

二、城市开敞空间行为创新内容稀缺

（一）城市开敞空间文化实践活动较少

城市开敞空间文化实践活动是塑造城市开敞空间行为形态的重要元素，目前存在的问题主要集中在活动分布不均和活动种类较少两方面。

1. 城市开敞空间文化实践活动分布不均

城市开敞空间文化实践活动是提供文化产品和文化服务的必要手段和重要途径，而当前我国城市开敞空间文化实践活动的生产行为呈现显著的分布不均的现象。一方面指的是城市层面文化实践活动的分布不均，如北京市朝阳大悦城是青年文化活动的集聚地，在广场上常设符合青年人需求的沉浸式体验活动。而除了点状分布的几个文化活动集聚区，大量城市空间特别是远离市区的城市开敞空间缺乏文化活动。另一方面指的是城市开敞空间内部文化实践活动的分布不均，如南京夫子庙商业步行街只有重点开发的街区会提供丰富的文化参与的机会。由于城市开敞空间文化实践活动分布不均，极大地降低了城市开敞空间提供文化产品和文化服务的效率及质量。

2. 城市开敞空间文化实践活动种类较少

在我国，展示展陈类、休闲观赏类城市开敞空间文化实践活动，仍然是主要形式，而沉浸式、体验式城市开敞空间文化实践活动相对欠缺。比如，全国各地的大型广场常常举办广场舞、书法和健身操比赛，公园开展不同季节的花卉展览和游园会等基本上是比较主流的活动类型。而像依文集团推出的可以学习技艺、亲手制作工艺品的"深山市集"并不多见。"深山市集"在全国巡回举办的过程中引得各地居民和明星艺人纷纷前往，可见大家对互动体验式文化实践活动的需求和热情还是很高涨的。

（二）城市开敞空间消费方式较为单一

1. 城市开敞空间文化消费行为呈现低层次特征

城市开敞空间中的文化产品和文化服务是创新文化发展的新形式，对公众的消费行为具有一定的刺激效用。但是，在我国城市开敞空间中的消费行为常以低层次的餐饮消费为主，如各地在暑期推出的"消夏文创季"等活动，大多是以文化活动之名，行小吃夜市之实。城市开敞空间文化消费涵盖了衣、食、住、行、游不同的消费类型，而目前大部分城市开敞空间的活动无法形成对"住、行、游"的吸引能力，往往以"一日游""半日游"等较短的文化消费链为主，并未实现空间对人们的强势引导。

2. 城市开敞空间文化消费习惯尚未建立

不可否认，近年来我国公共文化服务体系更加完善，人民精神文化生活更加丰富，居民文明素质和社会文明程度明显提高。但是我们仍然要看到，我国城市开敞空间文化消费的发展仍处在起步阶段。首先，连续型的消费行为习惯尚未建立。根据旅游网站数据统计，2019年我国春节期间庙会门票销售出现峰值，形成了全民出行的现象。但是，平日的统计数据与春节期间形成较大的落差，可见大范围的文化消费习惯并未形成。其次，我国大部分城市开敞空间文化消费尚未形成稳定的文化品牌，很多文化活动只是在商业利益的驱使下盛行一阵子，很快便销声匿迹。对城市开敞空间而言，在稳定的空间场域内，通过文化实践活动的举办形成丰富的文化品牌，是吸引稳定文化消费群体的重要手段之一。

（三）城市开敞空间社会交往不密切

1. 参与城市开敞空间文化实践活动的群体不够多元

城市开敞空间文化实践活动的普遍性说明文化精神是全民共有的，并通过自我参与、自我娱乐和自我开发等形式进行实践。目前，参与城市开敞空间文化实践活动的群体主要是老人和在校学生，参与群体单一的文化实践活动两极化现象尤为严重。占领广场、公园、绿地的大爷大妈与占领时尚街区、创意空间的青年人,由于参与文化实践活动群体的综合素质和教育水平存在差异,无法展开高水平的交流和高层次的交往。

2. 缺少促进城市开敞空间中社会交往的活动和场所

我国各级政府、企业对城市开敞空间的文化建设越来越重视,虽然相应的建设经费不断增加和投入,但由于我国人口基数庞大,群众文化生活需求不断上涨,现有的投入经费远远不够,这在一定程度上限制了不同社会主体参与的积极性,也一定程度上阻碍了社会交往活动的开展。比如,一些社区公共区域的健身设备年久失修,甚至存在着安全隐患,久而久之空间使用率就会下降。城市开敞空间的社会文化活动数量骤减,无疑不利于空间交往和空间互动。由此可见,城市开敞空间文化设施落后、文化设备陈旧、文化活动乏味,是城市开敞空间无法满足群众社会文化生活的根本原因。

三、城市开敞空间制度创新固守僵化

(一)城市开敞空间风俗制度断裂

1. 节庆风俗在城市开敞空间中同质化

节庆风俗对城市开敞空间的文化发展起到很强的推动作用,随着空间文化对社会生活全方位的影响和渗透,节庆风俗制度在继承和发扬城市文化的同时,体现出强烈的市场经济的特点。因此,各地城市开敞空间在开展文化建设时,会不约而同地在重点节日打造具有"轰动效应"的文化活动。比如,春节、元宵节会出现全城大街小巷张灯结彩的壮观景象。但所谓"十里不同风,百里不同俗"[1],全国范围内用大型灯塔、巨型花卉、生肖雕塑装点的城市开敞空间,不免呈现出高度的同质化。从城市开敞空间的共时性来看,

---

[1] 沈春宇. "十里不同风 百里不同俗"寻风问俗来这里——民族风俗习惯知识栏目开篇词[J]. 中国民族, 2001 (1): 64.

缺乏对节庆风俗当地化的深入挖掘，不免会在时间的流逝中造成历史风俗的断裂。

2. 城市开敞空间风俗制度的专业化程度不高

我国风俗礼俗等精神文化常常被保存在古村落或博物馆中，在城市空间中的生存土壤较为稀薄，因此在城市开敞空间中根植风俗民俗的文化土壤实属不易。风俗内容的选取、表达方式的确立、呈现形式的构建、文化活动的举办和空间氛围的营造等一系列操作，均需要相对专业的规则和制度进行引导、规范。但目前我国城市开敞空间中举办的文化民俗活动的专业化程度较低，多为作品展览、现场观摩等方式，将风俗融入日常生活并形成对城市开敞空间文化依恋的能力有待加强。

（二）城市开敞空间运营制度僵化

1. 城市开敞空间主体缺乏自主意识

城市开敞空间在提供文化产品和文化服务的过程中，文化实践行为主体是空间内参与活动的群众，而政府相关部门、活动组织方是文化实践行为的客体。客体以协从管理和协同服务工作为主，主客体相互促进相互成长。但在现实发展中，参与城市开敞空间文化实践活动的群众主体，在很长一段时间内处于被动、盲从的状态，机械地接受政府部门或活动组织方的安排，缺少参与文化实践活动的自主性和积极性。

2. 城市开敞空间运营制度缺乏创新

一方面，空间场所运营制度缺乏创新。城市开敞空间的定义决定了城市开敞空间是实践主体在一定空间场所内展开行为操作的过程。通常意义上，我们将场所视为约定俗成的固定空间，从而限制了实践主体对城市开敞空间物质场所的创新拓展。国外有很多流动型城市开敞空间深入不同社区进行艺术培训和艺术教育的成功案例。这种类型的城市开敞空间运营制度在我国仍不多见，可以在未来的空间运营中有所创新。另一方面，空间主体运营制度缺乏创新。社会力量参与城市开敞空间文化建设的力度仍然较弱，尤其是社会组织的发展仍然较为落后，尚未成为城市开敞空间文化建设的主力。政府亟须用可持续发展的思路，探索"政府监督、企业经营、社会参与"的多元运营模式，实现产业化运营的新思路。

（三）城市开敞空间社会组织力量较弱

社会组织是基层社会领域中最为重要的组织形式之一，是我国城市开敞空间文化建设和社会治理的重要主体和推动力量，但目前仍然存在一些问题。第一，对社会组织的理念还停留在认为社会组织对城市开敞空间文化建设主要承担着直接控制而非提供服务的理念，很大程度上挫伤了社会组织的积极性。第二，我国各地的社会组织普遍存在着政策统一性不足、自身业务能力相对较弱、不同城市及不同区域发展不平衡等问题，使城市开敞空间文化建设很难适应社会组织的发展。第三，政府对城市开敞空间社会力量的管理模式较为粗放，大部分管理工作只限于负责登记，对社会组织的考核评估、日常管理方面的工作做得不到位，导致我国社会组织的公信力普遍较低，公众对社会组织缺乏足够的信任，致使城市开敞空间主要建设动力的力量较为薄弱。

四、城市开敞空间精神创新亟待加强

（一）城市开敞空间道德伦理失衡

1. 城市开敞空间文化传播伦理失衡

目前我国已进入自媒体时代，每位用户都可以成为信息的传播者，这对城市开敞空间文化建设而言是一把双刃剑。有些城市开敞空间的规划者、建设者运用自由而开放的自媒体平台制造所谓的"传播热点"，实则是用一些混淆视听的低级炒作来提高空间的知名度，如在历史名人故居举办时尚选美大赛以追逐网络流量，实在有失道德伦理纲常的基本要求。

2. 城市开敞空间文化建设道德意识不强

道德意识是从人的价值需要出发，借助城市开敞空间的物质和精神形态的手段作用于客观场所及人的实践活动，使城市开敞空间的社会关系符合特定的价值要求。可以说，道德是人们改造城市开敞空间的重要手段，是作为人的一种实践精神。

（二）城市开敞空间文化建设的科学关照有待加强

1. 城市开敞空间尺度不宜人

城市开敞空间的尺度不仅包括空间内部各要素的数量和体量之间的协调与适度，同时也包括城市开敞空间与周边自然环境、社会环境的尺度协调。首先，在城市开敞空间内部承载过大或过小的文化设施的容量，都可能给人们造成空间太过空旷的不安全感或空间太过拥挤的不适感。比如，偌大的广场上只有零零星星几条长椅，让人无处休憩，显然是城市开敞空间内部尺度适宜度不合适所带来的问题。其次，城市开敞空间在介入城市原有机制的过程中，要注意不同功能性空间之间的互动与调试，用科学的规划方法评估空间的大小及与周围环境之间的距离，尽量不盲目、割裂式地入侵原有空间。

2. 城市开敞空间可达性不强

城市开敞空间的可达性是关系到城市开敞空间通达性的重要因素，同时也影响公众使用城市开敞空间进行文化实践的积极性。我国很多城市开敞空间往往做不到步行可达或无交通干扰，常常需要行人左顾右盼、过天桥、走地下通道，甚至绕远路方可到达。这些都是城市开敞空间规划不科学的现象。

（三）城市开敞空间艺术审美品位亟待提高

1. 城市开敞空间艺术品位较低

城市开敞空间"美"的历程，从物理场所的营造开始。首先，目前我国大多数城市开敞空间的艺术个性和国际化差距较大，盲目照搬照抄国外模式不仅抹杀了本土艺术元素的精华，而且使空间形态过分僵化、艺术品位降低。其次，城市开敞空间中缺少艺术性标志物，将很大程度上降低空间的辨识度和感染力。比如，悉尼歌剧院广场、纽约中央公园、西雅图"太空针"观景台等，均因其独特且恰当的艺术表现，成为城市空间中的文化标志和艺术符号；反观国内，并没有特别多旗帜鲜明的艺术标志物，反而是千篇一律的"×达广场"占据着重要的商业中心。

2.城市开敞空间审美培育不足

城市开敞空间文化建设的初衷不仅仅是实用主义，更重要的是空间审美价值的提升和空间审美能力的培养。城市开敞空间是城市居民日常生活中重要的审美对象之一，城市开敞空间为居民提供了自由交流的场所，人们从中获得不同的感受和体验，对身心发展均起到积极的引导作用。而现有的城市开敞空间并没有产生主动或被动提升居民审美能力的作用：一方面，没有高水平的城市开敞空间的景观设计；另一方面，没有开设艺术技艺培训等文化服务。这在一定程度上限制了城市开敞空间审美能力的培育，影响着城市开敞空间美的感受和美的创造。

综上所述，我国城市开敞空间文化建设在取得一定成就的同时，仍然存在不少问题。基于本节对现存问题的深入思考和细致梳理，下一节将依循物质形态、行为形态、制度形态和精神形态四个面向，提出具体的解决方法和实现路径。

第二节　我国城市开敞空间文化创新的实现路径

一、提升城市开敞空间物质创新水平

（一）提升城市开敞空间品质

城市开敞空间因其分布广泛、尺度灵活和形态特别等特点，成为城市空间中最具活力、最易识别的空间类型，是城市文化的重要表征。建设和营造具有较高艺术品位和社会功能的城市开敞空间物理场所，是促进城市开敞空间文化创新能力提升的重要手段。高品质城市开敞空间物理场所至少需要具有以下特性（见表7-1）。

表7-1　高品质城市开敞空间的含义

特征	含义
识别性	具有个性特征，易于识别
社会性	基本特征，大众共创共享
舒适性	环境压力小，身心轻松、安逸
通达性	方便，既可望又可及
安全性	步行环境，无汽车干扰，无视线死角，夜间有照明
愉悦性	有视觉趣味和人情味，环境优美、卫生
和谐性	整体协调、有序
多样性	功能与形式灵活多样，丰富多彩
文化性	具有文化品位，有利于文明建设
生态性	尊重自然、尊重历史、保护生态

数据来源：郭恩章. 高质量城市公共空间的设计对策 [J]. 建筑学报, 1998（3）: 10.

基于对城市开敞空间物理场所应具备的品质及特征的分析，在城市开敞空间物理形态的打造过程中，突出空间种类的多样性和空间功能的复合性是最为重要的两个基准原则，同时也是营造高品质空间过程中最重要的两种途径。

（二）保持城市开敞空间历史机制的延续性

城市历史具有鲜明的共时性和历时性特征，在时间维度和空间维度上均能找到准确的坐标。最重要的是，城市开敞空间物理形态的历史演变是一个连续、完整的动态过程，因此，对城市开敞空间极富特色的空间机制的保护和发扬工作，必然也呈现线性的特点。从历史遗存保护和利用的角度，对城市开敞空间机制的建设提出关照，实现城市历史文化的延续和精神文化的发扬，形成一种动态发展的新趋势。

在城市开敞空间形态的复杂变化中，要保护和延续既有的历史遗产与历史文化。我们需要保护的不仅仅是历史的实体元素，更需要保护城市文化功能在城市开敞空间及其辐射区域内的继承和发扬。城市开敞空间中的社会交往方式"已经呈现出一种兼容互动的格局"，揭示出不同使用者对城市开敞空间物质功能、精神文化的需求。因此，街区改造、社区营造、老旧厂房更新时要尽量保持原有的空间叙事，不搞大拆大建，利用历史元素的再设计呈现出历史与现代融合的统一性。

（三）巧用城市开敞空间自然环境

城市开敞空间中具体的地理位置和独特的自然环境，往往赋予空间某种天赋特征。自然环境是城市的不可再生资源，它主导着城市开敞空间的主要延展方向。对得天独厚的自然环境进行保护和利用的做法是衡量城市开敞空间自然环境的尺度和标准。

首先，应当充分尊重城市开敞空间中自然环境的显性生态价值，合理引导城市开敞空间结构与山水格局相辅相成。自然的山水体系、生态轴线、滨水景观、山体轮廓线组成城市开敞空间的天然要素。同时，这些自然要素又能成为城市开敞空间结构的调试中介，从而形成山、水、城相伴相依的独特城市形象。

其次，针对城市特别短缺的自然生态资源，可以通过保护、强化、建设，体现到城市开敞空间形态中。尤其是对维持社会稳定负有责任的自然空间，如城市绿化带、社区绿地系统等，城市开敞空间系统应当主动将这些自然空间吸纳进来，守住自然生态空间对人类生存和提升进程中具有的重要战略地位，从而实现自然空间与城市开敞空间结构疏散皆宜的效果。可以说，利用自然空间限制物质空间是达到理想状态中的合理规划城市开敞空间格局最直接的手法。

（四）加强城市开敞空间基础设施建设

城市基础设施❶是指，城市中为满足城市生产发展和居民生活需要而建设的各种设施及相应的机构、系统、组织和服务，包括能源系统、交通运输系统、邮电通信系统、供排水系统、生态环境系统和城市防灾系统六大系统。城市开敞空间基础设施具有分布广、一体化、以服务为导向、可再生、低负面影响、多用途和生命周期长等特征。❷因此，城市基础设施既是城市开敞空间社会经济发展的载体，又为城市的社会经济发展和环境品质的改善及提高提供了良好的外部条件。在具体建设过程中：一方面要调整城市干道网布局❸，明确道路使用功能，完善道路网络、逐级分流，疏解城市核心穿越交通，精心组织内部车行交通；另一方面要加强人车分流，实现硬核交通步行化、主体化和生态化，提高步行者在城市中的地位。

二、丰富城市开敞空间行为创新类型

（一）丰富城市开敞空间文化实践活动

能够承载文化实践活动的城市开敞空间具有形式多样、分布广泛的特点，

---

❶ 安虎森. 区域经济学通论[M]. 北京：经济科学出版社，2004：645.
❷ 沈清基.《加拿大城市绿色基础设施导则》评价及讨论[J]. 城市规划学刊，2005（9）.
❸ 杨芙蓉. 城市空间环境设计可持续发展探析[J]. 福建建筑，2007（7）：3-5.

因此城市开敞空间建设各主体应尽可能增强文化空间的建设力度和营造氛围。一方面，丰富文化实践活动的形式。从观赏休憩的行为方式，拓展到娱乐消费和公共交往等层面的行为方式，让文化实践活动的发生在时空条件和心理条件上更易被触发。另一方面，拓展文化实践活动的物理场所。城市开敞空间除了大型的公共广场、公园和滨水绿地等，更多的是深入居民日常生活的多尺度空间，社区的健身器材区、马路转角的街心公园，甚至是路灯下的一条长椅，都可以构成城市开敞空间。因此，深入居民生活的城市开敞空间更易触发文化实践行为的发生，也更容易培养文化实践行为的习惯。

（二）推动城市开敞空间消费方式转型升级

城市开敞空间文化消费转型路径主要有以下两条。一是培养居民城市开敞空间文化消费意愿。要针对居民的新消费需求，加强城市开敞空间文化体系建设，培育艺术体验、技能培养、娱乐消费等新模式，提供以内容和创意为核心的文化产品和文化服务，以文化供给创新刺激居民的消费意愿。同时，针对不同消费群体，实施多元化、个性化的文化消费模式，对高收入消费群，实施精品消费模式；对中等收入消费群，实施优质消费模式；对低收入群体，实施大众消费模式。二是打造文化消费品牌。城市开敞空间文化消费品牌能够实现城市空间资源的有效转化，一方面引领社会公众的空间文化消费意识，另一方面释放文化消费潜力、扩大文化消费规模。通过培育一批代表先进文化发展方向和消费市场偏好的空间文化产品和空间文化活动，推动价值转化，实现消费转型升级的目标。

（三）引导城市开敞空间社会交往和社会参与

城市开敞空间的建设目标是，努力调动起全社会最广泛的人群进行文化交流和文化互动，这就需要积极引导和保障儿童、青少年、中青年、老年人及弱势群体等背景不同、学历不同、种族不同的公民平等地参与城市开敞空间社会互动的机会与权利。为实现这一目的,需要从两方面着手。一是物理场所的差异化建设。在建设城市开敞空间物质场所时,针对不同使用者的需求,设计功能不同、造型不同的文化设施,如青少年的滑板通道就不适合老年人使用,而老年人喜爱的棋盘并不一定受青年人的欢迎。二是社会融合氛围的打造。在城市开敞空间中多举办一些公众能够广泛参与的文娱活动,如音乐节、游园会、街头篮球赛和公益活动等,在频繁的无差别交流互动中,打破陌生人之间相互戒备、互不理睬的冷漠氛围,从而形成社会交往和社会参与的习惯。

三、拓宽城市开敞空间制度创新维度

(一)加深城市开敞空间中风俗制度的沿革

城市开敞空间中风俗制度的沿革主要通过两种途径来实现,一种是直接将文化元素主题根植在城市开敞空间的物质形态中,另一种是借由节庆等文化活动将城市风俗进行活化和沿革。

(1)将民俗风俗凝结于空间。发展特色城市开敞空间的建设工作,将发展具有当地特色的城市开敞空间作为文化发展的重点项目。城市开敞空间作为日常生活场景、社会经济场景,具有蓬勃的生命力和广泛的传播力,因此将民俗风俗等特色鲜明的文化元素融入城市开敞空间的物理场所和实践行为,在不断更新迭代、观赏使用的过程中,加深对城市开敞空间文化制度的理解,并内化在今后的文化实践中。

(2)重视节庆活动的举办。城市开敞空间节庆风俗的沿革需要在活动中形成一定的规范和制度,并在活动中加强。目前,我国城市开敞空间节庆风俗体现出国际化、市场化和个性化等趋势,要在接纳外来文化的同时强化文化坚守,突出本土化风俗的强大力量,在文化元素的运用、风俗习惯的提炼、行为方式的选取、节庆风格的确定等方面综合考虑当地居民的接受程度和精

神预期,不做挑战居民传统制度、民俗风情的举动。

(二)激活城市开敞空间运营制度

城市开敞空间应具有完善的运营管理制度,保障建设工作的顺利开展及预期效果。科学完善的城市开敞空间运营管理制度包括事前规划、事中执行、事后监督等流程,通过反馈之后对下一次城市开敞空间的规划设计进行修正和提升,形成一个完整的制度闭环。首先,要培育社会组织、居民等空间主体不断强大,逐步成为继政府、企业之后越发重要的动力;其次,加强事前规划设计的科学性,遵循规范的运营管理制度,对资本运营、人力运营和产业运营等进行细致的科学预判和风险评估;再次,严格事中执行的过程,加强运营管理团队的专业性,制定规范的运营管理规章制度,确保计划的顺利实施;最后,控制事后反馈的及时性,主要针对物理场所的使用情况和使用者心理感官的动态进行搜集整理,加强激励、评估和监管机制,探析空间背后的文化制度并不断继承和发扬。

(三)鼓励社会组织参与城市开敞空间文化建设

突出社会组织在城市开敞空间文化建设中的地位和作用,有利于调动最广泛的力量参与到城市开敞空间的文化建设中来。主要的做法有如下三点:首先,进一步发展社区社会组织,明确社区社会组织的法律地位,建立健全统一登记、各司其职、协调配合、分级管理、依法监督的社会组织管理体制,建立健全社区社会组织孵化机制;其次,进一步充实社区社会组织服务职能、加大政府扶持力度,逐步提高社区社会组织的自律与诚信,更加注重居民意愿的表达、集结和实现;最后,进一步扩大居民有序参与,加强社区社会组织专职、专业人才及志愿者队伍建设。

四、提升城市开敞空间精神创新意涵

(一) 注重城市开敞空间人文关怀

(1) 构建人性化空间。人性化城市开敞空间的原则是为满足每一个人、而非少数人对优质空间环境的需求。也就是说，城市开敞空间绝大多数的使用者希望获得舒适、愉悦、亲切、轻松、自由、平等、安全和有活力的空间感受，这也是人性化城市开敞空间的建设目标和发展方向。唯有注重城市开敞空间的人文关怀，才能真正建设出满足公众心理期待的物质场所，才能提供满足公众文化需求的产品和服务，才能营造适宜身心发展的精神氛围。

(2) 促发安全感。安全性是人们对城市空间有依赖感和信任感的一个重要标准。城市开敞空间自然环境在能够提供艺术审美空间形态的同时，还应该对城市开敞空间采取必要的安全措施。让城市开敞空间参与者能够在较小的心理压力、环境压迫之下，积极参与社会实践活动，并以轻松的心态体会城市开敞空间的文化内涵。比如，在防风、遮阳、绿化等微气候环境的处理上，以及在防滑、私密性、可达性、步行化、可坐性和夜视性等[1]对策上最大限度体现城市开敞空间对人的关怀，提高城市开敞空间的舒适度，促进城市开敞空间文化的安全生产和良性传播。

(二) 提升城市开敞空间文化建设的科学性

(1) 加强城市开敞空间文化建设的科学系统。城市开敞空间的物理尺度、人文关怀都是具有一定科学依据的，不是无序扩张的态势。为了建设尺度适宜、宜人舒适的城市开敞空间，需要做到如下几个步骤：首先，重视前期调研，对城市开敞空间的可能辐射区域进行深入的调查访谈，充分了解居民的生活需求和社会需求；其次，准确测算周遭建筑环境和空间布局，力求新空

---

[1] 杨芙蓉.城市空间环境设计可持续发展探析 [J].福建建筑，2007 (7)：3-5.

间介入时不会破坏原有的空间尺度和空间机制，并且不影响采光、楼间距等物理参数；最后，对城市基础设施建设和周遭土地、水源等自然环境进行调研，在城市开敞空间建设时将可达性、宜人性等社会尺度纳入重点考量，测算出科学的到达方式和到达路径。

（2）用科学技术为空间注入新能量。科学和技术是从理论和实践层面解决城市空间运行具体现实问题的两个抓手。在现实生活中，城市开敞空间文化创新受到科学和技术发展水平的推动。一方面，城市开敞空间文化创新发展的科学理念和先进思路是推动空间文化创新宗旨性的标尺，决定了城市开敞空间文化创新的高度；另一方面，城市开敞空间文化创新发展的物理承载技术是实现多元文化理念的手段和途径，环境优美、自然承载、生活便宜、公共安全和智能交互等，成为推动城市开敞空间文化创新发展的加速器。当下高新的科学技术已经成为城市开敞空间文化动力的重要组成部分，全息摄影、AR、VR技术的不断成熟，给城市开敞空间文化要素的呈现形式带来了更多的可能性。同时，科技水平催生了媒体技术的不断前进，短视频等即时通信技术手段为城市开敞空间文化要素的传播和发展创造了新的维度。

（三）培育城市开敞空间艺术审美品位

提升城市开敞空间艺术审美品位主要从两方面入手。首先，开设结构完善的艺术教育培训课程。专业类艺术教育是培育艺术文化人才的主要渠道，而非专业类的艺术教育，如课外培训课程、手工体验课程和社区公益课程等都是艺术教育结构的有益补充。因此，应加强非专业类艺术教育的开设力度，培养更广泛人群的艺术喜好和专业技艺。其次，营造城市整体的艺术氛围。艺术审美品位的提升需要日积月累的浸润和感受，不是一朝一夕之间能够习得的。加强城市整体艺术氛围，不仅仅是多建造城市文化创意空间，更多的是在原有的空间加上艺术审美的创意元素，以更便捷的方式使生活充满美感和仪式感，从而不断强化人们自身的艺术感受力和审美品位。

结　论

第一节　研究的主要结论

城市开敞空间形成了一种新的空间现象，被赋予了文化导向和文化创新的职责。城市开敞空间文化的创新建设，在引导城市空间创新和新兴空间业态的兴起，促进城市功能多元创新，推动经济增长方式转变、产业结构优化、社会氛围营造、自然环境美化等方面起到了积极的推动作用。本书在梳理城市开敞空间理论框架、探究城市开敞空间现存问题的基础上，提出城市开敞空间文化创新的动力体系、动力机制和运行模式等具体问题。根据前文的研究，形成了如下一些结论。

一、文化产业视域下的城市开敞空间新解

随着城市开敞空间的认识从绿地空间、建筑外空间等自然空间，逐步向经济空间、社会空间转变，政府、学界、业界对城市开敞空间的界定越发丰富而翔实。本书认为城市开敞空间是指城市公共建筑外部的空间；是存在于城市建筑实体之外的开敞空间体；是比较开阔、向公众开放、具有一定公共服务设施、能够为多数民众服务的空间；广义上讲包括绿色空间（公园、开放式公共绿地、附属绿地等）、广场空间、亲水空间（江湖水体及周围绿带）、街道及便利设施等。此处"开敞"具有两层含义：一是物理尺度上的开敞，承载空间较为开阔、较少实体建筑的遮挡和阻隔；二是社会尺度上的开敞，

空间的社会性和社会的空间性在开敞空间中实现多元融入，以开放的心态、给予高质量的公共文化服务，更好地激发开敞空间的社会文化功能。笔者认为高品质城市开敞空间应具有如下特质：识别性、社会性、舒适性、通达性、安全性、愉悦性、和谐性、多样性、文化性和生态性。

二、基于城市开敞空间的特殊性，加强对其动力类型的深刻认识十分重要

纵观城市开敞空间的历史发展脉络，主要经历了四个阶段：第一，以实现社会功能为主导，主要功能是改善城市环境问题、优化城市空间结构；第二，以追逐资本扩张为主导，主要功能是提高经济增长速度、拓展消费娱乐空间；第三，以迎合精英阶层为主导，主要功能是满足少数群体需求、打造高端文化休闲娱乐空间；第四，以塑造居民价值观为主导，主要功能是优化社会结构、促进社会融合。因此，可以归纳出城市开敞空间的发展动力主要经历了以政治力、经济力、社会力先后为主导动力的类型。基于对文化动力要素的深入分析，可以得出文化动力贯穿城市开敞空间始终并逐渐起到主导作用。

三、城市开敞空间文化创新与城市发展的互动关系是本书的思想原点

首先，本书阐释了城市开敞空间文化创新的表现形式，主要包含四个方面，即物质形态、方式形态、制度形态和精神形态。其中，物质形态主要包括了城市开敞空间中的建筑特色、有形或无形的历史文化遗产留存、自然环境体系；方式形态主要包括了城市开敞空间文化所凝聚的生产行为、城市开敞空间所承载的消费行为和社会交往方式体系；制度形态主要包括城市开敞

结 论

空间的组织形式、空间建设及管理过程中所遵循的规章制度及空间所承载的风土民俗制度；精神形态主要包括了城市开敞空间整体体现的艺术设计风格、空间中寓教于乐并帮助居民实现自我提升的教育构成及空间在建设及运行期间所反映的科技水平。

其次，城市开敞空间文化创新的内涵与城市发展之间具有紧密的互动关系。城市开敞空间文化水平直接影响城市政治、城市经济和城市社会环境的发展，通过空间文化的提升，往往能够带动制度体系的完善、相关经济产业的发展、公众社会参与意识的觉醒及科学技术的进步，并最终不断提升城市开敞空间文化发展的品质。随着文化与政治、经济、社会相互交融的程度越来越高，文化的政治功能、经济功能、社会功能正逐步被认同和发现，文化产业发展正成为推动城市发展的第三波产业浪潮。

四、提出城市开敞空间文化创新动力系统（DSSTA 模型）并阐释其作用原理

本书参照西方社会学的城市整体理论，认为城市开敞空间文化创新的动力主体主要是由政府部门、经济组织、社会组织及居民构成。根据不同动力主体，概括为政府调控力、经济推动力、环境支撑力和社会制约力四种动力类型，并延伸出十种动力作用。它们分别是空间规模扩张力、空间结构优化力、拓展方式决定力、空间发展促动力、空间发展导向力、空间规划控制力、空间发展承受力、空间形态塑造力、空间发展促动力及空间发展约束力。建立起动力源（Dynamic Source）—动力主体（Dynamic Subject）—动力类型（Dynamic Type）—动力作用（Dynamic Action）四个层次的城市开敞空间文化创新发展动力体系解释框架（DSSTA 模型）。

通过对城市开敞空间文化创新发展动力体系的延伸，将动力效果归纳为显性和隐性两种，以此构成完善的作用原理。显性效果主要以空间数量、空

间分布情况、空间造型设计、空间文化设施、空间文化活动、空间到访人数及空间到访频率作为主要衡量指标。隐性效果则选择空间氛围、个人自我实现程度、人际互动频率、社会参与程度、信息流动速率作为衡量标准。本书基于 DSSTA 模型明确了城市开敞空间文化创新的内在逻辑和明显标志。

五、构建城市开敞空间文化创新动力机制

首先，构建城市开敞空间文化创新动力机制的前提，是明确城市开敞空间文化创新动力机制的形成机制和运行环节。它主要包含创新主体、创新资源、组织过程、动力作用、保障机制和制约条件六部分，涵盖了城市开敞空间文化创新的各个环节。通过解读不同环节的要素特征，对城市开敞空间文化创新的作用机制形成更为深刻的认识。重点是对作用力进行了解构，包含内在源动力、基本驱动力和外在推动力三种类型，将文化创新、人的全面发展、政治权力、经济发展、社会交往、科学技术水平、社会组织状况和宜居城市打造纷纷纳入考量范畴，尽可能还原实际运作机制中的复杂性。

其次，本书基于对城市开敞空间类型的区分和阐释，构建城市开敞空间文化创新动力机制的作用原理，深刻剖析了城市开敞空间文化创新各要素之间的相互作用关系。随后，本书基于四种动力组成的动力系统，将城市开敞空间文化动力机制引申为场所建设模式、行为培育模式、精神引领模式和制度促发模式。本书根据城市开敞空间文化创新动力的具体化差异，又将四种动力模式细化为打造空间特色模式、提升环境质量模式、保护历史遗产模式、升级消费行为模式、培育社会交往模式、感召艺术审美模式、带动社会氛围模式、创新组织形式模式和激发互动交往模式九类子模式，尽可能细致地归纳城市开敞空间文化创新动力机制的每一种运作方式。同时针对每一种运作方式，详细阐述模式特征、动力发生条件、代表案例、动力效能的发挥过程，揭示城市开敞空间文化创新动力机制的内在原理和外在表征。

结　论

第二节　研究的主要不足及展望

一、研究的不足

城市开敞空间文化创新动力机制模型的建立是一个复杂的问题。对于城市开敞空间文化创新动力系统、机制形态和运行模式的研究尚处于探索阶段，对不同空间形态、不同空间类型、不同空间功能和不同空间主体所构成的动力机制模型仍有待于进一步深入研究。本书作为一个阶段性的研究工作成果，将在后续的研究中继续完善现阶段存在的不足与缺陷。

第一，需要进一步夯实理论基础。本书明确了城市开敞空间文化创新动力研究的多学科交叉背景，主要从城市社会学、文化产业、城市规划和经济学的视角进行理论构建。但是，本书忽略了城市开敞空间作为传播媒介的重要作用，在动力机制的构建中，忽略了传播学、传媒经济学等学科的考量。因此，深化城市开敞空间文化创新的理论研究，多方位、多角度地进一步完善城市更新视域下城市开敞空间文化创新动力机制的理论体系。

第二，部分案例缺乏典型性。世界范围内，城市更新运动每时每刻都在马不停蹄地向前运转。由于时空、语言、通信的限制，无法第一时间掌握城市开敞空间的最新案例，尤其是中小型国家的前沿发展状况，很难进行全面、细致的跟踪研究和实践探索，案例选取不免存在滞后性。

第三，本书缺乏对城市开敞空间文化创新动力体系及作用模型的评价指标构建。本书提出了城市开敞空间文化创新的动力体系，并归纳出多种运行模型，但是对动力系统的指标体系没有进行深入的定量分析，也缺少专家赋值法等定性研究，因此亟待建立相对全面的评价模型。

二、研究的展望

（一）研究主体的未来展望

1. 探索城市开敞空间的多元伴生形态

城市中的人地矛盾日益尖锐，尤其是一线城市和经济发展较好的二线城市，因此高效利用有限的城市空间是下一步城市开敞空间建设的方向。伴生一词出自地质力学，常称作伴生构造，指的是同一地质时期、同一动力方式作用下，不同形态、不同性质、不同规模和不同序次相伴而生的各种构造形迹。在此借用这一概念，笔者将部分小尺度城市开敞空间视为城市伴生空间。具体而言，指的是城市空间中存在于主要功能区内部、伴随主体空间应运而生但不承担或较少承担主体功能的小型或微型空间形态。比如，街角的盆栽、艺术造型的路灯、高层建筑的天台、建筑之间的下沉通道和下沉广场等，承担着装点城市形象、提高空间使用效率、增强居民幸福感的职能，是大型公园、广场、绿地和水体之外的城市开敞空间建设重点。

第一，城市袖珍空间。城市袖珍空间在学理上并无准确的定义，主要在实践中依照开敞空间的面积进行界定。城市袖珍空间早在1963年的纽约公园协会被第一次提及，至今已逐步受到大众的认可。最为著名的是世界上第一个真正意义上的城市开敞空间——纽约佩雷公园，占地面积仅有中央公园的1/8000，设施也仅有一座水帘墙、三四张咖啡桌、十几把椅子、几棵树，但其年平均面积游客量达到中央公园的2.5倍，成为城市机制空白的填补者、城市休憩生活的聚集地。

第二，建筑物外部及连接处。城市中形态各异的建筑物是城市形象和城市格局的骨架，特别是城市的中心商务区高楼耸立，蔚为壮观。与此同时，高楼林立间的步行和活动空间被大大压缩，人们在进行高强度生产活动的同时，无暇兼顾文化生活和休闲生活。很多城市意识到这个问题之后，开始在建筑物的天台、露天或半露天阳台种植绿植或是放置娱乐健身设施，开辟出小型开敞空间。一方面美化城市形象、装点城市天际线，另一方面提高有限空间的功能复合性、满足人们日常公共生活的需求。

空中步道、下沉空间、交通枢纽与建筑物相连，形成流动的城市开敞空间。一方面充分开拓高空和地下空间，避免城市空间的生硬线条，同时缓解了步行空间少、交通拥堵的问题；另一方面提高了生产生活效率，增加居民互动交流的机会。由此可见，城市开敞空间的多元伴生形态是城市开敞空间中，除大型开敞空间、大型文化设施之外的重要补充，其生态美化作用、空间结构调节作用、社会互动促进作用、城市文化创造作用不可忽视。

2.拓展城市开敞空间文化创新的时空维度

城市开敞空间文化创新应拓宽时空维度，丰富文化的意涵，突出本土特色。根据"驴妈妈"旅游网平台的数据统计，2018年带有"夜游"标签的产品订单数量同比增长9%。携程门票专区在2019年春节期间上线了灯会专题活动，游客数量同比增加了114%，观光游船、主题灯会和文化体验活动成为夜间城市文化消费的热度风向标。随着文旅融合的进程逐步深入，城市夜景成为业界和学界关注的焦点。

城市开敞空间能够带动城市夜间经济主要有两方面的原因。一是时间上的扩展。同一个城市开敞空间针对不同人群，在不同时段承担着不同的文化功能。早上供大爷大妈晨练，中午供商务人士社交休憩，下午供儿童娱乐玩耍，晚上供夜市、灯会展示。尽可能拉长城市开敞空间文化展示、文化互动的时间，充分利用晚间黄金四小时（六点到十点），打造本土文化特色。二是空间上的扩展。城市开敞空间类型和布局的丰富，形成城市空间的联动。城市开敞空间不应局限在绿地、公园、广场、水体等类型，博物馆、美术馆和图书馆的公共空间，商场的中庭、社区的花园、街道的转角都应成为充满活力的文化生产机器。城市夜晚的天际线不再仅是平直凌厉的线条，而是错落有致、造型独特、色彩鲜艳、类型多样的城市天际线。迷人的城市夜间的空间形成，成为拉动文化旅游和文化消费的新引擎。

3. 提升城市开敞空间中文化产品和文化服务的供给能力

文化产品的质量和文化服务的水平，是衡量城市开敞空间文化创新能力的标准之一，需要不断提升来满足人民日益增长的精神文化需求。城市开敞空间的文化产品和文化服务具有均等化的特征，这种非排他性意味着每一个居民都有平等的权利使用城市开敞空间的文化设施、享受文化服务。但是，不少开敞空间存在着精英化的趋势，对特殊群体的关照不够，没有将最广泛的群众纳入文化生产和文化创新的行列。比如，高档社区给周边的自然水体划界，使之成为私人空间；很多文化活动的票价过高，限制了很大一部分人享受文化熏陶的权利；部分城市开敞空间缺少供残障人士和弱势群体使用的文化设施，具有较强的排他性。城市开敞空间文化创新应具有去精英化的特征，关注特殊群体的需求，加强普适性。严重的文化资本私有化现象，阻碍了城市开敞空间文化的延续和创新。

综上所述，未来城市开敞空间的建设和文化创新能力的激发可以从以上几方面进一步探索。关注城市开敞空间的新形态，凝聚最广泛的创新主体，创造最丰富的互动机会，实现城市开敞空间的创意营造。

（二）研究方法的未来展望

社会科学研究方法最普遍的是定性研究和定量研究两类，对城市开敞空间文化创新动力机制的研究，也应遵从定性研究与定量研究相结合的方法。目前，围绕城市开敞空间的研究大多集中于艺术设计、城市规划等领域，主要采取自下而上的自主发展模式，缺乏社会科学的精细化研究。定量分析城市开敞空间的最大困难是分析单位的口径不统一，开敞空间大小不一、形态各异、分散各处，无法用统一的标准衡量每一个开敞空间。因此，笔者认为，以街道或街区为统计单位或许是可以尝试的方向。

主要原因有三：第一，街区是我国和世界上大多数国家国民统计的标准之一，具有清晰的物理边界；第二，一定的街区范围内包含了相对完善的生产生活条件，可以自主承担日常交往、生活起居和经济生产等职能；第三，街区范围内人口结构相对稳定，生活方式相对稳定，社会交往相对固定，有利于稳定的文化生产和文化创新。在解决了城市开敞空间统计口径之后，就可以尝试用 ArcGIS® 等辅助软件进行定量分析，探索城市开敞空间的使用偏好、设施满意度和文化接受度等问题。

（三）研究方向的未来展望

1. 定量分析城市开敞空间文化创新对城市发展的促进作用

文化作为文化生产力，已经成为继经济资本、社会资本和自然资本之后的第四种生产力资本。城市开敞空间文化创新与城市发展之间的相互关系既是本书的理论原点，也是本研究今后进一步深入的方向。本研究已对定性分析做了较多的阐释，今后可以用定性的方法做更具体的探析。比如，城市开敞空间的建设对周边经济的直接拉动力是多少？城市开敞空间的数量和规模达到什么标准时，社会交往频率和居民满意度最高？城市开敞空间提供何种类型的文化设施或文化活动，居民的参与感最强？以上问题都是后续研究可以尝试的方向。

2. 城市开敞空间文化创新传播机制的探讨

在厘清城市开敞空间文化创新动力机制之后，可以进一步探讨其传播机制的内在运行机制。城市开敞空间的社会属性决定了其具有一定的媒介属性，是文化传承发展、城市形象传播的重要窗口。城市开敞空间的媒介属性具有较为显著的复杂性特性：一方面，城市开敞空间是城市文化和城市形象传播的直接介质；另一方面，城市开敞空间作为人际互动、社会交往、经济生产的载体，是城市文化孕育的容器。既是城市文化的生产者，也是城市文化的传播者，城市开敞空间文化创新传播机制的深层次运作机制值得学界和业界进一步重视。

主要参考文献

一、专著

[1] 艾伦·泰特. 城市公园设计 [M]. 周玉鹏, 等译. 北京：中国建筑工业出版社, 2005.

[2] 安东尼·奥罗姆, 陈向明. 城市的世界：对地点的比较分析和历史分析 [M]. 曾茂娟, 任远, 译. 上海：上海人民出版社, 2005.

[3] 安虎森. 区域经济学通论 [M]. 北京：经济科学出版社, 2004.

[4] 彼得·霍尔. 城市和区域规划 [M]. 邹德兹, 等译. 武汉：华中科技大学出版社, 2015.

[5] 柴彦威. 城市空间 [M]. 北京：科学出版社, 2000.

[6] 陈德昌. 生态经济学 [M]. 上海：上海科学技术文献出版社, 2003.

[7] 陈易. 城市建设中的可持续发展理论 [M]. 上海：同济大学出版社, 2003.

[8] 丹尼尔·贝尔. 后工业社会的来临：对社会预测的一项探索 [M]. 高铦, 王宏周, 魏章玲, 译. 北京：新华出版社, 1997.

[9] 段进. 城市空间发展论 [M]. 南京：江苏科学技术出版社, 1999.

[10] 洪亮平. 城市设计历程 [M]. 北京：中国建筑工业出版社, 2002.

[11] 胡俊. 中国城市：模式与演进 [M]. 北京：中国建筑出版社, 1995.

[12] 黄鹤. 文化规划：基于文化资源的城市整体发展战略 [M]. 北京：中国建筑工业出版社, 2010.

[13] 简·雅各布斯. 美国大城市的生与死 [M]. 金衡山, 译. 南京：译林出版社, 2006.

［14］蒋涤非.城市形态活力论[M].南京：东南大学出版社，2007.

［15］杰夫·斯佩克.适宜步行的城市：营造充满活力的市中心拯救美国[M].欧阳南江，等译.北京：中国建筑工业出版社，2016.

［16］凯文·林奇.城市形态[M].林庆怡，陈朝晖，邓华，译.北京：华夏出版社，2001.

［17］刘合林.城市文化空间解读与利用：构建文化城市的新路径[M].南京：东南大学出版社，2010.

［18］刘捷.城市形态的整合[M].南京：东南大学出版社，2004.

［19］刘易斯·芒福德.城市发展史：起源、演变和前景[M].宋俊岭，倪文彦，译.北京：中国建筑工业出版社，2005.

［20］芦原义信.街道美学[M].尹培桐，译.北京：中国建筑工业出版社，1990.

［21］马惠娣，张景安.中国公众休闲状况调查[M].北京：中国经济出版社，2004.

［22］马克斯·韦伯.新教伦理与资本主义精神[M].于晓，陈维纲，等译.北京：北京大学出版社，2012.

［23］羌苑，萧驰.宜人的室外公共空间[M].天津：天津大学出版社，1996.

［24］乔治娅·布蒂娜·沃森，伊恩·本特利.设计与场所认同[M].魏羽力，杨志，译.北京：中国建筑工业出版社，2010.

［25］饶会林.城市经济学[M].大连：东北财经大学出版社，1999.

［26］田银生，刘绍军.建筑设计与城市空间[M].天津：天津大学出版社，2001.

［27］王富臣.形态完整：城市设计的意义[M].北京：中国建筑工业出版社，2005.

［28］王祥荣.生态与环境[M].南京：东南大学出版社，2000.

［29］王彦辉.走向新社区：城市居住社区整体营造理论与方法[M].南京：东

南大学出版社，2003.

[30] 威廉·怀特. 小城市空间的社会生活 [M]. 叶齐茂，倪晓晖，译. 上海：译文出版社，2016.

[31] 武进. 中国城市形态 [M]. 南京：江苏科学技术出版社，1990.

[32] 谢文蕙，邓卫. 城市经济学 [M]. 北京：清华大学出版社，1996.

[33] 邢海峰. 新城有机规划论 [M]. 北京：新华出版社，2004.

[34] 徐苏宁. 城市设计美学 [M]. 北京：中国建筑工业出版社，2007.

[35] 约翰·马修尼斯，文森特·帕里罗. 城市社会学：城市与城市生活 [M]. 姚伟，王佳，等译. 北京：中国人民大学出版社，2016.

[36] 扬·盖尔. 新城市空间 [M]. 北京：中国建筑工业出版社，2003.

[37] 杨培峰. 城乡空间生态规划理论与方法研究 [M]. 北京：科学出版社，2005.

[38] 杨晓波，吴庆书，等. 城市生态学 [M]. 北京：科学出版社，2001.

[39] 叶中强. 都市文化的社会生态研究 [M]. 上海：学林出版社，2005.

[40] 伊利尔·沙里宁. 城市：它的发展、衰败与未来 [M]. 顾启源，译. 北京：中国建筑工业出版社，1986.

[41] 张凡. 历史发展中的历史文化保护对策 [M]. 南京：东南大学出版社，2006.

[42] 张鸿雁. 循环型城市社会发展模式 [M]. 南京：东南大学出版社，2007.

[43] 张京祥. 城镇群体空间组合 [M]. 南京：东南大学出版社，2000.

[44] 张京祥. 西方城市规划思想史纲 [M]. 南京：东南大学出版社，2007.

[45] 赵和生. 城市规划与城市发展 [M]. 南京：南京大学出版社，1999.

[46] 郑时龄，薛密. 黑川纪章 [M]. 北京：中国建筑工业出版社，1997.

二、期刊论文

[1] 卜洪涛.德国城市开放空间规划的规划思想和规划程序[J].国外城市规划，2003，27（1）：64-71.

[2] 陈秉钊.21世纪的城市与中国城市规划[J].城市规划，1998（1）：13-15.

[3] 陈雯，王远飞.城市公园区位分配公平性生评价研究：以上海市外环线以内区域为例[J].安徽师范大学学报（自然科学版），2009，32（4）：373-377.

[4] 陈之泉.关于城市一体化的思考[J].重庆建筑大学学报，2000（3）：6-8.

[5] 程文，赵天宇.城市边缘区大型公共设施的规划[J].城市问题，2003（1）：29-31.

[6] 段汉明，杨大伟.城市系统复杂性的数学描述初探[J].人文地理，2007（3）：112-115.

[7] 段汉明.城市结构的多维性和复杂性[J].陕西工学院学报，2000（3）：48.

[8] 刘恩芳.习俗文化与公共空间：英国卡迪夫城市公共生活空间与节日习俗场景的分析[J].建筑学报，2009（5）：89-92.

[9] 冯维波，蒲采云.面对休闲时代的城市游憩空间发展探析[J].经济研究导刊，2008（5）：166-167.

[10] 冯维波.我国城市游憩空间研究现状与重点发展领域[J].地球科学进展，2006，21（6）：585-592.

[11] 高兴武.论服务型政府公共产品的供给[J].广西民族学院学报（哲学社会科学版），2006，28（2）：121-124.

[12] 高阳.图书馆空间的革命[J].建筑师，2010（4）：63-69.

[13] 谷凯.城市形态的理论与方法：探索全面与理性的研究框架[J].城市规划，2001（12）：36-42.

[14] 何兴华.关于城市规划科学化的若干问题[J].城市规划，2003（6）：25.

［15］胡繁.成都市中心广场地下空间的开发利用［J］.地下空间，1990，10（2）：91-95.

［16］黄鹤.文化政策主导下的城市更新：西方城市运用文化资源促进城市发展的相关经验和启示［J］.国外城市规划，2006，21（1）：34-39.

［17］黄向，保继刚.场所依赖：一种游憩行为现象的研究框架［J］.旅游学刊，2006，21（9）：19-24.

［18］贾丽娟.游憩理论在城市更新中的应用［J］.甘肃科技纵横，2007，36（1）：127-128.

［19］孔宪法.由健康城市运动反思地方发展愿景及都市规划专业［J］.城市发展研究，2005（2）：5-11.

［20］孔旭红.场所依赖理论在博物馆旅游解说系统中的应用［J］.软科学，2008，22（3）：89-91.

［21］赖黄平.政府公共服务中的市民游憩均等化研究［J］.陕西行政学院学报，2010，24（3）：43-45.

［22］李先逵.追求和谐城市文化本质特征回归［J］.建筑学报，2007（12）：8.

［23］李晓江.重视城市发展的多样性和复杂性［J］.城市规划，2000（1）：36-37.

［24］李晓江.重视城市发展的多样性和复杂性［J］.城市规划，2002（2）：7-18.

［25］李祎，吴义士，王红扬.从"文化政策"到"文化规划"：西方文化规划进展与编制方法研究［J］.国际城市规划，2007（5）：75-80.

［26］李忠民，汤哲铭.西部城市竞争力评价指标体系设计［J］.甘肃理论学刊，2005（4）：67-71.

［27］罗艳林.关于城市开放空间人性化的思考［J］.中外建筑，2001（2）：10-11.

［28］马惠娣.西方城市游憩空间规划与设计探析［J］.齐鲁学刊，2005（6）：

147-153.

[29] 马建业. 北京日常闲暇行为及其环境研究 [J]. 华中建筑, 2000 (4): 87-89.

[30] 彭巍. 关于哈尔滨市历史文化资源参与旅游业开发的思考 [J]. 黑龙江史志, 2008 (11): 1-2.

[31] 阮仪三, 张松. 产业遗产保护推动都市文化产业发展: 上海文化产业区面临的困境与机遇 [J]. 城市规划汇刊, 2004 (4): 53-57.

[32] 史飞, 鲍家声. 城市居住区公共绿地开放空间设计研究 [J]. 华中建筑, 2005 (1): 129-132.

[33] 孙凤岐. 营造具有良好空间品质人性化的城市广场 [J]. 建筑学报, 2003 (5): 32.

[34] 孙彤宇. 从城市公共空间与建筑的耦合关系论城市公共空间的动态发展 [J]. 城市规划学刊, 2012 (5): 82-91.

[35] 孙樱, 陈田, 等. 北京市区老年人口休闲行为的时空特征初探 [J]. 地理研究, 2001 (5): 537-546.

[36] 唐燕. 文化产业政策对北京城市发展的影响分析 [J]. 国际城市规划, 2012, 27 (3): 70-74.

[37] 汪坚强. "民主化"的更新改造之路: 对旧城更新改造中公众参与问题的思考 [J]. 城市规划, 2002 (7): 43-46.

[38] 王华春, 段艳红, 赵春学. 国外公众参与城市规划的经验与启示 [J]. 北京邮电大学学报（社会科学版）, 2008, 10 (4): 57-62.

[39] 王慧敏. 创意城市的创新理念、模式与路径 [J]. 社会科学, 2010 (11): 4-12.

[40] 王凌. 浅析文化娱乐设施集聚区的建设现状与特点 [J]. 华中建筑, 2013 (3): 130-134.

[41] 王世营, 蔡军. 产业集群对中小城市空间形态的影响研究 [J]. 城市规划,

2006（7）：42-47.

[42] 王扬，窦建奇，陈幸夫，等．文化建筑综合体叙事空间营造策略[J]．新建筑，2012（2）：102-105.

[43] 徐宁，王建国．基于日常生活维度的城市公共空间研究：以南京老城三个公共空间为例[J]．建筑学报，2008（8）：45-48.

[44] 徐生钰，朱宪辰．城市地下空间资源产权变迁分析[J]．南京理工大学学报（社会科学版），2009，22（6）：25-31.

[45] 徐苏宁，吕飞，赵志庆．城市的健康与安全[J]．城市规划，2005（10）：60-64.

[46] 杨哲明．公园概论[J]．复旦大学土木工程学会会刊，1936（6）：67-86.

[47] 张海霞．社会政策之于公共游憩供给：兼议政府作为的空间载体[J]．旅游学刊，2010，25（9）：20-26.

[48] 张杰，吕杰．从大尺度城市设计到"日常生活空间"[J]．城市规划，2003，27（9）：40-45.

[49] 张京祥，李志刚．开敞空间的社会文化含义：欧洲城市的演变与新要求[J]．国外城市规划，2004（1）：24-27.

[50] 张庆费．上海公园的发展动态、分布格局与规模特征分析[J]．中国园林，2001（1）：60-64.

[51] 张庭伟，于洋．经济全球化时代下城市公共空间的开发与管理[J]．城市规划学刊，2010（9）：1-12.

[52] 张欣旻，程富花．我国大中城市公共绿地开发经营模式探讨[J]．特区经济，2009（2）：227-228.

[53] 赵黎明，肖亮．武汉市居民城市游憩需求特征研究[J]．西北农林科技大学学报（社会科学版），2009，9（4）：85-90.

[54] 赵秀敏，葛坚．城市公共空间规划与设计中的公众参与问题[J]．规划师，2004，28（1）：69-72.

[55] 郑莘，林琳.1990年以来国内城市形态研究述评[J].城市规划，2002(7)：59-64.

[56] 周干峙.城市及其区域：一个典型的开放的复杂巨系统[J].城市规划，2002（2）：7-8.

[57] 朱儒顺.关于公共产品供给方式变革的思考[J].内蒙古财经学院学报，2005（6）：19-20.

[58] 邹德慈.人性化的城市公共空间[J].城市规划学刊，2006，165（5）：9-12.

三、学位论文

[1] 安定.西部中小历史文化名城可持续保护的现实困境与对策研究[D].天津：天津大学，2005.

[2] 程世丹.当代城市场所营造理论与方法研究[D].重庆：重庆大学，2007.

[3] 代伟国.小城市公共空间系统的规划与建设[D].重庆：重庆大学，2006.

[4] 戴冬晖.城市空间形态分析方法研究[D].哈尔滨：哈尔滨工业大学，2002.

[5] 邓竹松.城市文化娱乐设施布局规划研究[D].长沙：中南大学，2011.

[6] 范霄鹏.文化品质：民族性与地区性环境意向的研究[D].北京：清华大学，2003.

[7] 房艳刚.城市地理空间系统的复杂性研究[D].长春：东北师范大学，2006.

[8] 冯维波.城市游憩空间分析与整合研究[D].重庆：重庆大学，2007.

[9] 黄鹤.文化规划：运用文化资源促进城市整体发展的途径[D].北京：清华大学，2004.

[10] 朗云鹏.当代文化中心研究：复合性城市文化生活的创造[D].天津：天

津大学，2007.

［11］宋聚生.东北地区城市综合实力与城市区域空间发展战略研究[D].哈尔滨：哈尔滨工业大学，2006.

［12］孙晓春.转型期城市开放空间与社会生活发展的动力研究[D].北京：北京林业大学，2009.

［13］腾军红.整体与适应：复杂性科学对建筑学的启示[D].天津：天津大学，2002.

［14］熊德国.系统科学理论在区域可持续发展中的应用研究[D].重庆：重庆大学，2004.

［15］于英.城市空间形态维度的复杂循环研究[D].哈尔滨：哈尔滨工业大学，2009.

［16］张路峰.城市的复杂性与城市建筑设计研究[D].哈尔滨：哈尔滨工业大学，2001.

后　记

本研究通过对城市开敞空间的文化创新动力机制进行探讨，为城市规划和管理提供了理论支持和实践指导。在研究过程中，我们充分认识到城市开敞空间的重要性及如何培育先进文化的挑战。

首先，城市开敞空间作为城市的重要组成部分，承载着居民的休闲娱乐、社交交流、文化艺术等多种需求。因此，我们需要从宏观和微观两个层面来思考如何激发城市开敞空间的文化创新发展。在宏观层面，政府需要积极引导和支持文化创意产业的发展，为城市开敞空间提供多样性的文化产品和服务。同时，建立健全的文化政策和法规，保护城市开敞空间的文化遗产和历史记忆。在微观层面，居民和社区应积极参与城市开敞空间的文化活动，增强文化认同感和归属感。

其次，城市开敞空间的文化创新动力机制需要注重物质形态、行为形态、制度形态和精神形态的融合。在物质形态上，要注重城市开敞空间的设计和建设，提供具有文化内涵和创意元素的公共空间。在行为形态上，要鼓励居民积极参与城市开敞空间的文化活动，促进社交交流和共享文化资源。在制度形态上，要建立健全的文化管理机制，提供良好的管理保障。在精神形态上，要注重文化传承和创新，引导城市开敞空间的文化表达和创造。

最后，本研究还存在一些局限性，如研究方法上可以进一步加强定量分析和案例研究的深入，以更全面地探讨城市开敞空间的文化创新动力机制。此外，城市开敞空间的文化创新也需要与城市可持续发展相结合，兼顾环境保护和资源利用的平衡。

总之，城市开敞空间的文化创新动力机制对城市的可持续发展和社会进步具有重要影响。通过对文化层次结构的理论构建和实践探索，我们希望能够为城市规划和管理提供新的思路和方法，促进城市开敞空间的文化创新和发展。

刘柯瑾

2023 年 10 月 19 日 于中国传媒大学